Logisch! A2
Inhalt

Nach den Ferien

Perfekt: regelmäßige Verben

1 a Wo passen die Sätze? Ordne zu.

In den Ferien: 1, ____________

Nach den Ferien: ____________

1. Ali hat Ferien am Meer gemacht.
2. Julia tanzt im Zimmer.
3. Melanie hat am Strand getanzt.
4. Fritz spielt am Nachmittag Nintendo.
5. Melanie hört Musik in Alis Zimmer.
6. Ali macht Hausaufgaben.
7. Julia hat am Strand Musik gehört.
8. Fritz hat jeden Tag Fußball gespielt.

b Markiere die Verben in den Sätzen.

c Welche Sätze stehen im Perfekt? Ergänze in der Tabelle.

Ali	hat	Ferien am Meer	gemacht.
Julia		am Strand	
Melanie	hat		
Fritz		jeden Tag	
	Position 2		**Satzende: Partizip**

2 Was gehört zusammen? Notiere die Wortpaare (Infinitiv und Partizip).

~~angeln~~ gegrillt gehört campen grillen gesucht holen hören gecampt putzen geübt ~~geangelt~~ suchen gefeiert üben geputzt feiern geholt

angeln – geangelt ____________ ____________

____________ ____________ ____________

____________ ____________ ____________

3 Was hat Silvia gemacht? Ergänze die Sätze.

Silvia macht Ferien am Meer.	1. Silvia _hat_ Ferien am Meer _gemacht._
Sie campt mit der Familie.	2. Sie ____________ mit der Familie ____________
Silvia grillt mit Freunden.	3. Silvia ____________ mit Freunden ____________
Sie feiern eine Party.	4. Sie ____________ eine Party ____________
Sie hören Musik und tanzen.	5. Sie ____________ Musik ____________ und ____________

4 Was haben die Schüler gemacht? Schreib Sätze im Perfekt.

1. lange / Fritz / Klavier / üben / . _Fritz hat lange Klavier geübt._
2. Melanie / Brot / holen / beim Bäcker / . ____________
3. das Fahrrad / Ali / putzen / . ____________
4. die Oma / das Abendessen / kochen / . ____________
5. Melanie und Tina / kaufen / eine CD / . ____________

5 *sein* oder *haben*? Ergänze die richtige Form.

nick16	Hi Sonja! Was _hast_ (1) du am Wochenende gemacht?
Skaterin	Ich _bin_ (2) mit Papa und Tina gewandert. Dann ____________ (3) wir ein Picknick gemacht. Und wir ____________ (4) am Walchensee gecampt. Warst du auch schon mal da?
nick16	Am Walchensee? Ja, im Sommer, eine Woche lang! Meine Eltern und ich ____________ (5) dort Ferien gemacht. Papa ____________ (6) jeden Tag geangelt und ich ____________ (7) surfen gelernt. Mein Surflehrer war toll. Einmal ____________ (8) wir bis zur Insel gesurft. Echt cool!
Skaterin	Wow – surfen! ☺

Präteritum: *sein* und *haben*

6 Ergänze das Gespräch.

~~war~~ • war • waren • hatten • hattest • waren • hatte • waren • hatte

● Ich _war_ (1) zu Hause. Und du? ○ Wir ____________ (2) bei Opa. Er ____________ (3) Geburtstag. ● Und, wie ____________ (4) es? ○ Na ja, wie immer: langweilig. Mein Onkel und meine Tante ____________ (5) auch da. Mama hat für alle gekocht. Ich glaube, alle ____________ (6) Spaß, nur ich nicht. Und du, ____________ (7) du ein schönes Wochenende?
● Wir ____________ (8) im Kino, Peer und ich. Lukas ____________ (9) keine Zeit.

7 *War*, *hatte* oder Perfekt? Ergänze die Verben in den Sätzen.

1. sein — Das Sportcamp war ____ wirklich toll --- ____.
2. machen — Wir ____ jeden Tag 4 Stunden Sport ____.
3. haben — Zuerst ____ ich keine Lust ____, aber dann war es cool!
4. üben — Am Morgen ____ wir mit Bällen ____.
5. haben — Wir ____ viel Spaß ____.
6. spielen — Am Nachmittag ____ wir Volleyball ____.
7. sein — Das Wetter ____ die ganze Woche sehr gut ____.

gern, lieber, am liebsten

8 *Gern*, *lieber* oder *am liebsten*? Ergänze die Sätze.

☺	☺ ☺	☺ ☺ ☺

1. Caroline schwimmt gern ____ im Meer.
2. Aber sie segelt ____.
3. ____ surft sie.
4. Lukas spielt ____ Tennis.
5. Er spielt noch ____ Volleyball.
6. Aber ____ spielt er Fußball.

9 Was isst Lisa gern? Was mag Lisas Hund am liebsten? Mal Smileys.

	Nudeln	Pizza	Wurst	Eis	
Lisa		☺			Lisa isst gern Pizza. Noch lieber isst sie Nudeln. Wurst mag Lisa nicht gern. Am liebsten isst sie Eis.
Bello					Lisas Hund Bello mag gern Pizza, aber Wurst mag er viel lieber. Nudeln mag er nicht. Am liebsten mag er Eis. Bello ist einfach total cool!

10 Schreib Sätze.

1. Peer / gern / lange / schlafen / . — Peer schläft gern lange.
2. Silvia / gern / am Meer / sein / . — ____
3. Am liebsten / sie / mit Freunden / segeln / . — ____
4. Ali / nicht gern / schwimmen / . — ____
5. Er / lieber / Tennis / spielen / . — ____

In der Schule

Perfekt: unregelmäßige Verben

1 **a Markiere die Verben in den Sätzen.**

Am Samstag hat Nadja Robbie gesehen. Sie sind in den Park gegangen. Dort haben sie Pia getroffen. Sie haben mit Pia gesprochen. Robbie hat für Plato einen Ball geworfen. Plato hat den Ball nicht gefunden. Am Schluss ist er ohne Ball zu Robbie gekommen. Dann sind alle mit dem Bus zum Marktplatz gefahren. Sie haben im Café ein Eis gegessen. Pia hat Plato ein Stück Eis gegeben. Am Abend hat Nadja Kuchen gebacken, aber Pia hat lieber gelesen.

b Ergänze die unregelmäßigen Perfektformen aus 1a.

1.	sehen	er/sie sieht	*gesehen*	7.	sprechen	er/sie spricht	________
2.	essen	er/sie isst	________	8.	werfen	er/sie wirft	________
3.	geben	er/sie gibt	________	9.	treffen	er/sie trifft	________
4.	lesen	er/sie liest	________	10.	kommen	er/sie kommt	________
5.	fahren	er/sie fährt	________	11.	finden	er/sie findet	________
6.	backen	er/sie bäckt	________	12.	gehen	er/sie geht	________

2 **Schreib die Sätze im Perfekt in die Tabelle.**

Die Schüler lesen eine Geschichte. • Die Lehrerin spricht mit Nadja. • Sie gibt Nadja einen Tipp.

Die Schüler	*haben*	*eine Geschichte*	*gelesen.*
Die Lehrerin		mit Nadja	
Sie			
	Position 2		**Satzende: Partizip**

3 **Welches Verb ist das? Ordne zu und ergänze das Partizip.**

Das habe ich nicht gewusst!

Ich habe das Wort nicht gekannt.

Wie ist das passiert?

Hast du Oma nach Hause gebracht?

Was hast du gedacht?

1. kennen – *gekannt*
2. bringen – ________
3. denken – ________
4. wissen – ________
5. passieren – ________

4 Ergänze die Verben im Perfekt. Achte auch auf *sein* oder *haben*.

1. Wo _habt_ ______ ihr Pizza _gegessen_ ______? (essen)
2. Wann ______ das ______? (passieren)
3. Tim ______ mir den Ball ______. (bringen)
4. ______ Petra ihr Handy ______? (finden)
5. Wir ______ die Freunde im Café ______. (treffen)
6. Wohin ______ ihr nach der Schule ______? (gehen)
7. Ich ______ das Buch ______. (lesen)

5 Schreib Sätze im Perfekt.

1. wer / den Kuchen / bringen / ? _Wer hat den Kuchen gebracht?_ ______
2. wohin / fahren / du / ? _Wohin_ ______
3. ich / das / nicht / wissen / . _Das_ ______
4. der Bäcker / Brot / backen / . _Der Bäcker_ ______
5. mit Lisa / ich / telefonieren / gestern / . _Gestern_ ______
6. Jan / Steine / ins Wasser / werfen / . _Jan_ ______

6 a Regelmäßige und unregelmäßige Verben: Was ist anders im Partizip? Markiere.

1. spielen – gespielt
2. passieren – passiert
3. werfen – geworfen
4. schmecken – geschmeckt
5. bringen – gebracht
6. backen – gebacken
7. sammeln – gesammelt
8. telefonieren – telefoniert
9. finden – gefunden
10. essen – gegessen

b Ordne die Verben aus 6a zu.

regelmäßige Verben	unregelmäßige Verben	Verben mit *-ieren*
gespielt,	_geworfen, gebracht,_	_passiert,_

Welch-? im Akkusativ

7 Ergänze die Tabelle.

Welche Note hast du in Deutsch?

Welche Sprachen sprichst du?

Welchen Lehrer magst du?

Welches Spiel findest du gut?

Nominativ		Akkusativ
der Lehrer	welcher	
das Spiel	welches	
die Note	welche	_Welche Note?_
die Sprachen	welche	

8 Ergänze die richtige Form von *welch-*: Nominativ oder Akkusativ?

1. Welche Sprache lernst du? 2. ______ Projekt findest du gut?
3. ______ Freund besuchst du oft? 4. ______ Spiele magst du am liebsten?
5. ______ Lehrer ist cool? 6. ______ Wochentag hast du am liebsten?

mein, dein, ... im Akkusativ

9 a Wer sucht seine Sachen? Markiere.

1. Die Jungen suchen ihren Ball.
2. Habt ihr euren Lehrer gesehen?
3. Ich finde meinen Rucksack nicht.
4. Petra hat ihren Hund Bello gesucht.
5. Haben Sie Ihren Schlüssel gefunden, Frau Krüger?
6. Hast du deinen Hund gefunden?
7. Werner braucht seinen Schlüssel.
8. Wir suchen unseren Platz.

b Ergänze die Tabelle. Die Formen in 9a helfen.

	der		das	die	die
	Nom.	Akk.	Nominativ = Akkusativ		
ich	mein	______	mein	meine	meine
du	dein	______	dein	deine	deine
er/es	sein	______	sein	seine	seine
sie	ihr	______	ihr	ihre	ihre
wir	unser	______	unser	unsere	unsere
ihr	euer	______	euer	eure	eure
sie	ihr	______	ihr	ihre	ihre
Sie	Ihr	______	Ihr	Ihre	Ihre

10 Ergänze *mein, dein ...* in der richtigen Form.

1. Habt ihr mein Handy gesehen? 2. Timo trifft seine Freunde. 3. Lena ruft ______ Schwester an. Sie kaufen ein Geschenk für ______ Oma. 4. Lisa, wo ist d______ Schlüssel? Du musst ______ Schlüssel suchen! 5. Wo ist u______ Ball? Habt ihr ______ Ball gesehen? 6. Herr Hübner, ist das ______ Buch? 7. Wo sind ______ Bücher? Holt bitte eure Bücher raus!

11 Koffer packen: Was nehmen die Personen mit? Schreib die Sätze fertig.

1. Hose, Schuhe — Ich nehme meine Hose und meinen Pullover mit.
2. Buch, Kleider — Mama nimmt ______ mit.
3. Hund, Katze — Wir nehmen ______ mit.
4. Fußball, Zelt — Die Kinder nehmen ______ mit.

Freunde und Freizeit

würde + Infinitiv

1 Was passt zusammen? Schreib Tipps mit *Ich würde …*

zum Arzt gehen • einen Pullover anziehen • ~~mit einem Freund zusammen lernen~~ • früher schlafen gehen • Freunde anrufen

1. Meine Mathenoten sind total schlecht! *Ich würde mit einem Freund zusammen lernen.*
2. Ich bin immer so müde! ______
3. Mein Hals tut so weh! ______
4. Ich bin oft allein zu Hause! ______
5. Mir ist so kalt! ______

Perfekt: trennbare und untrennbare Verben

2 Was gehört zusammen? Notiere die Wortpaare (Infinitiv und Partizip).

~~bekommen~~ • versprochen • ~~bestellen~~ • erklärt • bezahlen • verbunden • bezahlt • verabredet • erklären • verloren • versprechen • verstanden • verbinden • verstehen • verlieren • ~~bestellt~~ • verabreden • ~~bekommen~~

bekommen – bekommen ______ *bestellen – bestellt* ______ ______

______ ______ ______

______ ______ ______

3 Schreib Sätze im Perfekt.

1. ich / eine Pizza / bestellen / .
2. was / du / von Papa / bekommen / ?
3. Peter / die Aufgabe / verstanden / .
4. Lukas / mir / den Weg / erklären / .
5. Alice / ihre Uhr / verlieren / .
6. Mama / mir / ein Eis / versprechen / .

Ich	*habe*	*eine Pizza*	*bestellt.*
Was			
	Position 2		**Satzende**

4 a Trennbar oder untrennbar? Markiere die Verben und schreib die Infinitive links in die Tabelle.

1. Räum bitte das Zimmer auf!
2. Verstehst du die Aufgabe?
3. Kommst du auch mit?
4. Was schlägst du vor?
5. Kolja, ruf bitte deinen Vater an!
6. Wie gefällt dir die Musik?
7. Pia erzählt von Plato.
8. Wann besuchen wir Oma?
9. Vergiss die Tasche nicht!
10. Nadja, hol bitte Jannik ab!

Trennbare Verben		Untrennbare Verben	
Infinitiv	Partizip	Infinitiv	Partizip
aufräumen		verstehen	

b Such zu jedem Infinitiv das Partizip. Ergänze es rechts in der Tabelle von 4a.

1. Ich habe von den Ferien erzählt. 2. Gestern haben wir Opa besucht. 3. Ich habe gestern aufgeräumt. 4. Das habe ich nicht verstanden! 5. Das Konzert hat mir super gefallen. 6. Max ist auch mitgekommen. 7. Kolja hat seinen Papa angerufen. 8. Hast du Jannik abgeholt? 9. Ich habe den Kinofilm vorgeschlagen! 10. Oje, ich habe die Tasche vergessen.

5 Ergänze das Partizip.

1. sehen – gesehen
   ansehen – angesehen
2. gehen – gegangen
   weggehen – ____________
3. stehen – gestanden
   aufstehen – ____________
4. nehmen – genommen
   mitnehmen – mitgenommen
5. kommen – gekommen
   ankommen – ____________
6. kaufen – gekauft
   einkaufen – ____________
7. laufen – gelaufen
   weglaufen – ____________
8. fahren – gefahren
   losfahren – ____________
9. bringen – gebracht
   mitbringen – ____________

6 Welches Verb passt? Perfekt mit *sein* oder *haben*? Ergänze die Sätze.

abholen • anrufen • ~~besuchen~~ • ankommen • warten • zeigen

Gestern habe ich meinen Freund Alex besucht (1). Alex ______ mich von der S-Bahn ____________ (2). Aber die S-Bahn war nicht pünktlich. Ich _____ eine halbe Stunde zu spät ________________________ (3). Ich __________ Alex ______________ (4), aber er hatte sein Handy nicht dabei. Er ______ am Bahnhof ______________ (5). Dann __________ Alex mir sein Zimmer und die Wohnung ____________ (6).

Sätze mit *wenn*

7 a Was passt zusammen? Notiere.

1. D Ich rufe meine Freunde an,
2. ___ Ich mache eine Party,
3. ___ Ich übe viel Mathe,
4. ___ Ich kaufe nur dann Klamotten,
5. ___ Ich esse wenig,

A wenn ich einen Test habe.
B wenn es nicht gut schmeckt.
C wenn sie nicht viel kosten.
D wenn ich allein bin.
E wenn ich Geburtstag habe.

b Wo steht in den *wenn*-Sätzen in 7a das Verb? Markiere.

8 a Welche zwei *wenn*-Sätze sind richtig? Markiere in der Wortschlange.

sdFjklwenndubistalleinQwurtzJklöäwennsieeinenTesthatunklgrudfengulGwenngutschmecktespäe

bkarnoxlfelcWwennerhatGeburtstagBldgratöliEwennsienichtvielkostetDursolZitenlag

b Schreib die richtigen Sätze in die Tabelle.

Hauptsatz	*wenn*	Nebensatz	Satzende: Verb
Petra lernt viel Mathe,	wenn		hat.
Lukas kauft eine Jacke,	wenn		

9 Schreib Sätze mit *wenn*.

1. Ich rufe dich an, … *Ich habe Zeit.* wenn ich Zeit habe.
2. Ich gehe zum Arzt, … *Ich bin krank.* ______
3. Ich trinke viel Wasser, … *Ich habe Durst.* ______
4. Ich gehe gern ins Kino, … *Es regnet.* ______

10 Welches Adjektiv zeigt der Würfel? Würfle und schreib Sätze.

⚀ glücklich sein
⚁ Lust haben
⚂ traurig sein
⚃ es kalt sein
⚄ Zeit haben
⚅ es dunkel sein

⚃ Ina singt laut,	wenn es kalt ist.
Florian läuft schnell,	
Julia isst ein Stück Kuchen,	
Tom geht schlafen,	
Michael lernt für die Schule,	
Ina und Julia gehen ins Kino,	

Unterwegs

Modalverben im Präteritum: *wollte, konnte, musste*

1 Was sagt Lisa? Ergänze *wollte, konnte* oder *musste*.

1. Ich _wollte_ früher da sein, aber ich habe meine Uhr vergessen.
2. Meine Freundin hat Probleme. Ich ____________ ihr helfen.
3. Ich ____________ nicht anrufen. Mein Handy geht nicht.
4. Der Bus war kaputt, deshalb ____________ ich in der Schule warten.

konnte
musste
wollte
~~wollte~~

2 a Markiere die Formen von *wollen, können* und *müssen.*

1. Thomas musste früh aufstehen. Er konnte nicht lange schlafen.
2. Wir wollten am See bleiben und surfen, aber wir mussten wandern.
3. Warum wolltet ihr nicht schwimmen? Das Wasser war sehr warm.
4. Carola, warum konntest du nicht anrufen?
5. Warum konnten Sie nicht pünktlich sein, Herr Fischer? Hatten Sie Probleme?
6. Alex und Tim wollten so gern Skateboard fahren, aber sie mussten lernen.
7. Carola und Julia, warum konntet ihr nicht mitkommen? Musstet ihr arbeiten?

b Ergänze die Tabelle mit den Formen aus 2a.

	wollen	können	müssen
ich	wollte	konnte	musste
du	wolltest		musstest
er/es/sie	wollte	*konnte*	*musste*

	wollen	können	müssen
wir		konnten	
ihr			
sie/Sie			

3 *wollen, können* oder *müssen*? Ergänze das Modalverb im Präteritum.

1. Pia und Nadja _wollten_ ins Kino gehen. Aber Nadja ____________ nicht mitkommen. Sie ____________ ihren Bruder Jannik von der Schule abholen. 2. Kolja ____________ am Samstag lange schlafen. Aber er ____________ nicht im Bett bleiben, er ____________ seinen Bruder Denis zum Training bringen. 3. Wir hatten gestern keinen Sport, der Sportlehrer war krank. Wir ____________ nach Hause gehen, aber wir ____________ in der Schule bleiben. 4. ● Warum seid ihr so spät? ____________ ihr auf den Bus warten? ○ Nein, der Bus war schon weg und wir ____________ zu Fuß gehen.

4 Schreib die Sätze im Präteritum in die Tabelle.

1. Gestern / wir / ins Kino / wollen / gehen / .
2. Frau Karas / den Bus / nehmen / um 18.45 Uhr / müssen / .
3. Meine Freunde / mich / zu einer Party / einladen / wollen / .
4. Wie lange / du / auf der Party / bleiben / können / ?

Position 1	Position 2		Satzende: Infinitiv
Gestern	wollten	wir ins Kino	gehen.
Frau Karas			

Perfekt

5 Wie heißt das Partizip? Schreib es zum Infinitiv.

~~ab~~ • ab • an • aus • bo • ~~fah~~ • gan • ~~ge~~ • ge • ge • ge • ge • ge
gen • gen • gen • gen • kom • men • raus • ~~ren~~ • stie • stie • um

1. abfahren abgefahren
2. rausgehen ______________
3. abbiegen ______________
4. ankommen ______________
5. aussteigen ______________
6. umsteigen ______________

6 Wie ist Elli zu Rolf gekommen? Ergänze die Verben im Perfekt. Achte auf *haben* oder *sein*.

Hi Elli!
Wir haben eine neue Wohnung und mein Zimmer ist fertig: Echt cool!
Jetzt will ich mit euch feiern.

Party am Samstag um 17.00 Uhr!

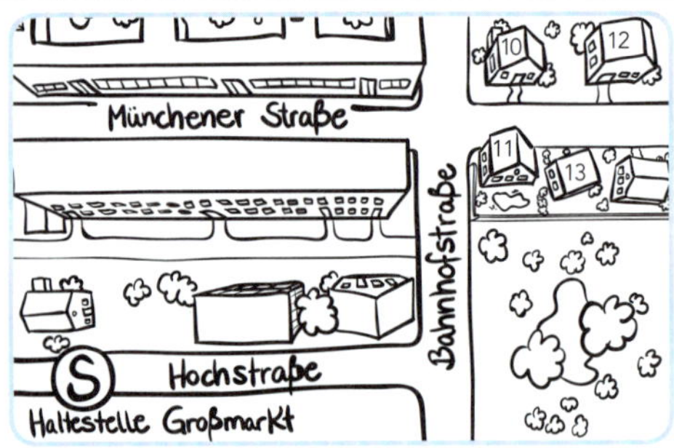

Kommst du?
Bitte anrufen oder SMS schreiben.
Bis Samstag, Rolf

Wegbeschreibung: S-Bahn Linie 1 nehmen, an Haltestelle „Großmarkt" aussteigen, rechts rausgehen, links in die Bahnhofstraße abbiegen, bei der Münchener Straße nach rechts gehen, bei Haus Nr. 13 rechts in Garten reingehen. Probleme? Anrufen!

Elli hat die S-Bahn Linie 1 genommen (1) und __________ an der Haltestelle Großmarkt ______________ (2). Dann __________ sie rechts ______________ (3) und links in die Bahnhofstraße ______________ (4). Bei der Münchener Straße __________ sie nach rechts ______________ (5). Bei Nummer 13 __________ sie rechts in den Garten ______________ (6). Aber da war niemand. Dann __________ sie Rolf ______________ (7).

7 Eine Mail aus den Ferien. Ergänze die Verben im Perfekt.

Lieber Rolf,

was *hast* ____ du in den Ferien *gemacht* ____ (1. machen)? *Bist* ____ du auch ____________ (2. wegfahren)? Ich war in der Türkei. Mein Opa ________ mich nach Yakacik ____________ (3. einladen). Ich ________ von Hamburg nach Istanbul ____________ (4. fliegen). Dort ____________ ich nach Adana ____________ (5. umsteigen). In Adana __________ mich mein Opa am Flughafen ____________ (6. abholen). Dann ________ wir drei Stunden bis zu seinem Haus ____________ (7. fahren). Opa hat ein kleines Haus am Meer. Wir ____________ jeden Tag ____________ (8. schwimmen) und ich ____________ auch surfen ____________ (9. lernen). Tolle Ferien, super!

Bis ganz bald! Elli

Aufforderungen

8 Eine SMS schicken. Was muss man machen? Schreib Aufforderungen.

	die SMS-Funktion wählen.	*Wähl die SMS-Funktion!*
	mit den Tasten schreiben.	____________
Du musst	die Nummer tippen oder	____________ *oder*
	die Telefonnummer auswählen.	____________
	die SMS abschicken.	____________

9 Wer sagt das zu wem? Schreib Aufforderungen.

das Zimmer aufräumen
die Aufgaben machen
deiner Schwester helfen

Räum das Zimmer auf!
____
____

gut aufpassen
auf „drei" anfangen
zuerst leise spielen

Passt gut auf!
____
____

einen Kaffee machen
Frau Hölzl anrufen
das Fenster öffnen

Machen Sie einen Kaffee!
____
____

Sport

Sätze mit *weil*

1 a Warum mögen die Fans ihre Sportler? Unterstreiche. Markiere dann das Verb.

Lionel Messi kann einfach alles!

Britta Steffen ist so sympathisch!

Shaun White verdient viel Geld.

Dirk Nowitzki ist kein Angeber.

Mario Gomez schießt viele Tore.

Steffi und Okka spielen sehr fair.

b Welcher *weil*-Satz passt? Verbinde und ergänze das Verb.

1. Tamara ist ein Fan von Lionel Messi,
2. Eva ist ein Fan von Britta Steffen,
3. Gregor ist ein Fan von Shaun White,
4. Leon ist ein Fan von Dirk Nowitzki,
5. Betty ist ein Fan von Mario Gomez,
6. Murat ist ein Fan von Steffi und Okka,

A weil er viel Geld ______
B weil er kein Angeber ______
C weil er einfach alles kann.
D weil er viele Tore ______
E weil sie sehr fair ______
F weil sie so sympathisch ______

2 Ausreden? Schreib Sätze mit *weil*.

1. Es ist zu kalt. — Tamara fährt nicht Snowboard, weil es zu kalt ist.
2. Das Wasser ist nass. — Gregor schwimmt nicht, ______
3. Er ist klein. — Murat mag Basketball nicht, ______
4. Sie mag Bälle nicht. — Eva spielt nicht Volleyball, ______
5. Fußballspieler sind Angeber. — Leon mag Fußball nicht, ______

3 *wenn* oder *weil*? Kreuze an.

1. Leon ist ein Fan von Dirk Nowitzki, ☐ wenn ☒ weil er auch Basketball spielt.
2. Murat spielt gern Volleyball. Aber er spielt nicht gern, ☐ wenn ☐ weil es regnet.
3. Eva hat an Britta Steffen geschrieben, ☐ wenn ☐ weil sie ein Fan ist.
4. Betty ist Fußballfan. Sie sieht nur dann fern, ☐ wenn ☐ weil Fußball kommt.
5. Tamara spielt nur Fußball, ☐ wenn ☐ weil sie Lionel Messi so cool findet.

Vergleiche: *schneller als, so schnell wie*

4 Sieh die Bilder an. Welche Form passt? Ergänze das Adjektiv.

groß • kleiner • ~~schnell~~ • ~~größer~~ • größer • schneller • schneller • langsamer • langsam

1. Das Pferd ist _größer_ als der Hund.
2. Die Katze ist so ________ wie der Hund.
3. Die Katze ist ________ als das Pferd.
4. Der Hund ist ________ als der Hamster.

5. Der Hund läuft so _schnell_ wie die Katze.
6. Der Hund läuft ________ als der Hamster.
7. Der Hamster läuft ________ als der Hund.
8. Das Pferd läuft nicht so ________ wie der Hund und die Katze. Es läuft ________.

5 *so … wie* oder *…er als*? Schreib Vergleiche. Nicht alle Adjektivformen passen.

groß • größer • ~~alt~~ • älter • jung • jünger • schwer • schwerer • klein • kleiner • leicht • leichter

1. Tamara ist 14 Jahre alt, Betty auch. _Tamara ist so alt wie Betty._
2. Eva ist 13 Jahre alt, Tamara ist 14. _Eva ist_ ________
3. Leon ist 1,68 m groß, Gregor 1,84 m. _Leon ist_ ________
4. Leon ist 1,68 m groß, Tamara auch. _Tamara ist_ ________
5. Leon ist 48 kg schwer, Betty auch. _Betty ist_ ________
6. Murat ist 54 kg schwer, Leon 48 kg. _Leon ist_ ________

6 Was denkst du: Was ist kürzer, besser, höher? Schreib Vergleiche.

1. kurz: Unterricht / Pause _Die Pause ist kürzer als der Unterricht._
2. gut: Eis / Torte ________
3. hoch: Baum / Haus ________
4. witzig: Homer Simpson / Bart Simpson ________
5. schön: Winter / Sommer ________

7 Welches Wort ist falsch? Markiere und schreib die richtige Lösung.

1. Ich bin so alt als mein Freund. _wie_
2. Die Hose ist länger wie der Rock. ________
3. Der Delfin springt hocher als die Maus. ________
4. Mein Bruder ist junger als ich. ________

5

Superlativ: *am schnellsten*

8 Ergänze die Sätze.

1. Das Pferd läuft *am schnellsten*.
2. Die Schildkröte wird ______________.
3. Der Delfin springt ______________.
4. Der Hamster ist ______________.
5. Das Pferd ist ______________.

~~am schnellsten~~
am höchsten
am ältesten
am größten
am kleinsten

9 Findet die Katze den Weg zur Maus? Die richtigen Formen helfen. Markiere den Weg.

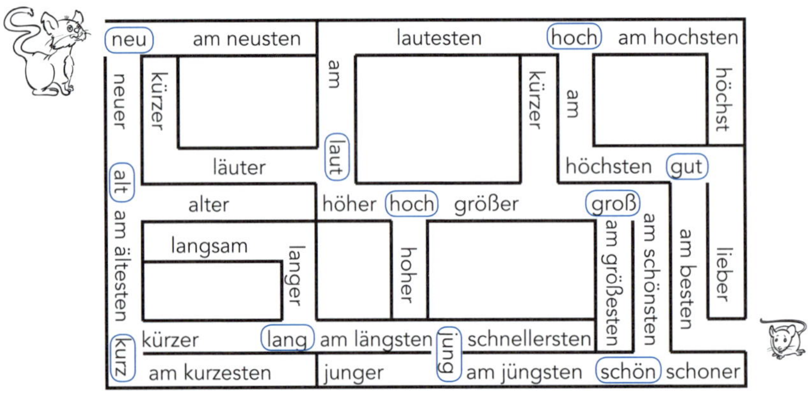

10 Vergleiche. Ergänze die Sätze.

Leon lernt 1 Stunde lang.

Eva – 1 Stunde	Eva lernt *so lange wie* Leon.
Betty – 2 Stunden	Betty lernt ______________ Eva und Leon.
Gregor – 2,5 Stunden	Gregor lernt ______________.

Tamara wandert 3 km.

Betty – 20 km	Betty wandert *weiter als* Tamara.
Leon – 3 km	Leon wandert ______________ Tamara.
Murat – 31 km	Murat wandert ______________.

11 Rekorde in der Klasse. Wer kann das am besten? Schreib Sätze.

1. cool sein	*Iris ist am coolsten.*
2. laut singen	
3. alt sein	
4. in Sport gut sein	
5. spät schlafen gehen	

Kleidung und Farben

Adjektive mit dem bestimmten Artikel

1 a In welchen Koffer gehören die Kleidungsstücke? Ergänze die Farben.

die blauen Schuhe
die weiße Hose
der schwarze Rock
der braune Mantel
die grauen Socken
die grüne Jacke
das rote T-Shirt

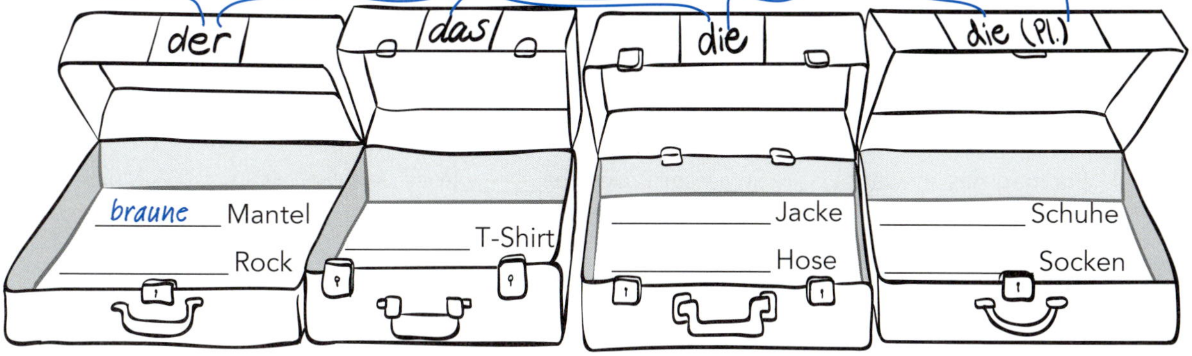

b Was ist das? Schreib Sätze.

1. die Socken / grau / Laurin / . *Das sind die grauen Socken von Laurin.*
2. die Jeans / schwarz / Kilian / . *Das ist* ____________
3. der Pullover / grün / Lea / . ____________
4. das Sweatshirt / blau / Iris / . ____________

2 Was gehört wem? Ergänze die Endungen -e oder -en.

1. Der groß*e*_____ Rucksack und das neu_____ Handy gehören Nadja.
2. Die cool_____ CDs und die neu_____ Gitarre gehören Robbie.
3. Der grau_____ Stift und die alt_____ Uhr sind von Pia.
4. Die klein_____ Bälle und die lecker_____ Wurst sind von Plato.

3 Nominativ und Akkusativ: Vergleiche die Adjektive. Was ist anders? Markiere.

Der gelb**e** Rock					den gelben Rock.
Das weiß**e** T-Shirt	ist	schön.	Nadja	mag	das weiße T-Shirt.
Die grau**e** Jacke					die graue Jacke.
Die blau**en** Schuhe	sind	schön.			die blauen Schuhe.
Nominativ	**Verb**		**Nominativ**	**Verb**	**Akkusativ**

4 Was ist richtig? Kreuze an.

1. Alex mag ☐ die schwarze Schuhe ☒ die schwarzen Schuhe gern.
2. Hans trägt heute ☐ den roten Pullover ☐ den rote Pullover.
3. Laura zieht ☐ die schwarze Hose ☐ die schwarzen Hose an.
4. Frau Schmitt findet ☐ die schwarze Schuhe ☐ die schwarzen Schuhe schön.
5. ☐ Die schwarze Jacke ☐ Die schwarzen Jacke mag Nora besonders gern.

5 Was mögen die Freunde gern? Ergänze die Endungen *-e* oder *-en*.

1. Kolja mag die braun*e*____ Hose, den grün*en*____ Pullover und die braun______ Schuhe.
2. Paul mag das gelb______ T-Shirt, die blau______ Hosen und die bequem______ Socken.
3. Robbie mag die cool______ Brille, das grün______ T-Shirt und den grau______ Mantel.
4. Pia mag das schwarz______ Sweatshirt, den rot______ Rock und die braun______ Mütze.

6 Nominativ oder Akkusativ? Ergänze die Endungen.

Heute ist die groß*e*____ (1) Hundeshow! Pia zieht die neu______ (2) Sachen an. Sie trägt den braun______ (3) Rock, das neu______ (4) T-Shirt und den hübsch______ (5) Pulli. Der braun______ (6) Rock und die braun______ (7) Schuhe stehen ihr sehr gut. Gleich beginnt der spannend______ (8) Wettbewerb: Welcher Hund ist am schönsten? Aber Plato läuft weg! Er springt in die schmutzig______ (9) Pfütze.

Sätze mit *wenn* und *weil*

7 Schreib die Sätze.

1. Eva kauft neue Klamotten, *wenn sie Geld hat.*________ (wenn / Geld haben / sie / .)
2. Mia mag die alte Hose, ________________ (ihr / gut stehen / weil / sie / .)
3. Tina nimmt ihre Tasche mit, ________________ (einkaufen gehen / sie / wenn / .)
4. Ben trägt immer seine Mütze, ________________ (sie / weil / ihm / gut gefallen / .)
5. Ina kauft die rote Jacke, ________________ (weil / die Farbe mögen / sie / .)
6. Die Verkäuferin hilft, ________________ (nicht passen / die Größe / wenn / .)
7. Laura sucht die Verkäuferin, ________________ (sie / weil / Hilfe brauchen / .)
8. Alex kauft die Schuhe, ________________ (wenn / nicht viel kosten / sie / .)

Personalpronomen: Akkusativ und Dativ

8 Schreib die Pronomen aus den Sätzen in die Tabelle.

Mia und Tina haben Probleme. Kannst du ihnen helfen?

Die Jacke steht dir gut.

Ruf mich bitte an.

Ina kauft neue Klamotten. Die Hose gefällt ihr gut.

~~Die Tasche gehört mir.~~

Es geht uns gut! Wir haben frei.

~~Hast du ihn angerufen?~~

Herr Müller, wie geht es Ihnen?

Ich habe euch gestern gesehen.

Nominativ	Akkusativ	Dativ
ich		mir
du	dich	
er	ihn	ihm
es	es	ihm
sie	sie	

Nominativ	Akkusativ	Dativ
wir	uns	
ihr		euch
sie	sie	
Sie	Sie	

9 Was sagen die Personen? Ergänze die Pronomen im Dativ.

- ○ Und? Passt dir ______ (1) der Pullover?
- ● Die Größe ist ja gut, aber die Farbe steht ______ (2) nicht.
- ○ Was? Ich finde, Grün steht ______ (3) sogar sehr gut.
- ● Also, ich weiß nicht …
- □ Einen Moment, wir haben auch andere Farben. Ich bringe ______ (4) den Pullover in Blau und in Grau.

- ○ Und, wie gefällt euch ______ (5) die Hose?
- ● Super, die gefällt ______ (6)!
- □ Was? Ich finde sie schrecklich. Sie passt ______ (7) überhaupt nicht. Und erst die Farbe! Aber das T-Shirt ist toll.
- ● Quatsch, das T-Shirt passt Lena nicht! Es ist ______ (8) zu eng!
- ○ Ihr seid doof! Ich finde die Klamotten cool, aber ______ (9) gefällt einfach nichts!

10 Akkusativ oder Dativ? Streich das falsche Pronomen durch.

1. Deine neue Tasche gefällt ~~mich~~ / mir sehr gut! War sie teuer?
2. Entschuldigung, gehört das Handy Sie / Ihnen?
3. Wo warst du? Ich habe dich / dir überall gesucht.
4. Mias Handy ist kaputt. Ich kann sie / ihr nicht anrufen.
5. Die Schüler haben ein Problem. Die Lehrerin hilft sie / ihnen.
6. Der Film gefällt mir. Ich finde ihn / ihm richtig gut.

Freundschaften

Adjektive mit dem unbestimmten Artikel

1 Finde die passenden Adjektivformen und schreib sie in die Tabelle.

~~starkes~~ großer starkes großer starke

der große Junge	ein ____________ Junge	kein ____________ Junge
das ____________ Mädchen	ein *starkes* ____________ Mädchen	kein ____________ Mädchen
die ____________ Gruppe	eine ____________ Gruppe	keine *kleine* ____________ Gruppe
die lauten Fans	--- ____________ Fans	keine ____________ Fans

kleine laute lauten kleine ~~kleine~~

2 Ergänze das Adjektiv.

1. Andi ist ein *junger* ____________ (jung) Mann, er ist kein *kleines* ____________ (klein) Baby mehr.
2. Miriam ist kein ____________ (klein) Mädchen mehr, sie ist eine ____________ (jung) Frau.
3. Lisa war eine ____________ (gut) Schülerin. Jetzt ist sie keine ____________ (gut) Schülerin mehr.
4. Mia hatte keine ____________ (nett) Freunde, aber jetzt hat sie ____________ (nett) Freunde.
5. Vera war ein ____________ (schüchtern) Kind. Jetzt ist sie ein ____________ (stark) Mädchen.
6. Alex war ein ____________ (arrogant) Angeber. Jetzt ist er ein ____________ (beliebt) Junge.
7. Meine Freunde sind ____________ (stark) Typen. Sie sind keine ____________ (blöd) Angeber.

3 Ergänze die richtige Adjektivform. Achte auf den Artikel.

1. Heute ist das *große* ____________ (groß) Sportfest. 2. Marc ist ein ____________ (doof) Angeber. 3. Paul ist ein ____________ (schüchtern) Junge. 4. Und er ist ein ____________ (fair) Sportler. 5. Der ____________ (lang) Lauf beginnt. 6. Marc hat ____________ (begeistert) Fans. 7. Deshalb sieht Marc die ____________ (blöd) Kurve nicht. 8. Paul gewinnt und die ____________ (glücklich) Freunde gratulieren ihm.

4 a Akkusativ: Ergänze die Sätze.

Problem • guten • ~~dummen~~ • Freunde • Idee • gute • ~~Fehler~~ • großes • blöde • Freunde

	ein/kein dummer Fehler.	Er	macht	einen/keinen *dummen Fehler*.
Das ist	ein/kein großes Problem.	Mein Freund	hat	ein/kein ______.
	eine/keine blöde Idee.	Der Junge	hatte	eine/keine ______.
Wir sind	☐ gute Freunde /	Wir	haben	☐ ______ /
	keine guten Freunde.			keine ______.
	Nominativ	Nominativ	Verb	**Akkusativ**

b Adjektive im Akkusativ: Was ist anders? Markiere rechts in der Tabelle.

5 Ergänze die richtige Adjektivform.

1. Die Freunde machen eine cool*e*_____ Party.
2. Kolja hat kalt_____ Getränke gekauft.
3. Pia hat einen lecker_____ Kuchen gebacken.
4. Paul hat ein groß_____ Stück gegessen.
5. Nadja hat gut_____ CDs mitgebracht.
6. Anton hat lustig_____ Witze erzählt.
7. Robbie hat einen neu_____ Song gespielt.
8. Alle hatten einen toll_____ Abend.

6 Was ist richtig? Kreuze an.

1. Pia hat ☒ braune Haare ☐ braunen Haare.
2. Pia trägt am liebsten ☐ ein gelbe T-Shirt ☐ ein gelbes T-Shirt.
3. Paul trägt gern ☐ einen roten Pullover ☐ einen rote Pullover.
4. Beim Sportfest trägt Paul ☐ eine kurze Hose ☐ eine kurzen Hose.
5. Paul hat auch ☐ roten Strümpfe ☐ rote Strümpfe an.
6. Paul hat ☐ grauen Sportschuhe ☐ graue Sportschuhe.
7. Paul gewinnt ☐ einen kleinen Preis ☐ einen kleine Preis.

7 Wähl ein passendes Adjektiv und ergänze die Sätze.

gut • heiß • ~~kalt~~ • klein • langweilig • leicht • schlecht • schwer • riesig • spannend

1. Ich trinke keinen *kalten* ______ Tee, ich mag nur ______ Tee.
2. Ich möchte kein ______ Zeugnis bekommen, ich möchte ______ Noten haben.
3. Ich möchte keine ______ Prüfung haben, ich möchte einen ______ Mathetest.
4. Ich mag keine ______ Filme. Ich will ______ Filme sehen.
5. Ich möchte kein ______ Zimmer. Ich möchte ein ______ Zimmer haben.

Fragen in der Vergangenheit

8 Schreib die Fragen in die Tabellen.

Wer	*war*	*das?*
Wo		
W-Wort	**Position 2**	

Warum	*seid*		*gekommen?*
Was			*passiert?*
Warum			
Wer			
W-Wort	**Position 2**		**Satzende**

9 Ergänze die Fragewörter.

wann • ~~warum~~ • was • wer • wie lange • wo • mit wem

1. ● *Warum* bist du zu spät? ○ Der Bus ist nicht gekommen.
2. ● ______ warst du im Kino? ○ Mit Miriam und Berni.
3. ● ______ hast du für die Prüfung gelernt? ○ Drei, vier Stunden.
4. ● ______ warst du am Wochenende? ○ Bei Papa in München.
5. ● ______ kommst du zu mir? ○ Am Samstag.
6. ● ______ hast du am Sonntag gemacht? ○ Lange geschlafen.
7. ● ______ hat angerufen? ○ Florian.

10 Schreib Fragen zu den unterstrichenen Wörtern.

1. Wir wollten <u>mit Florian</u> Geburtstag feiern. *Mit wem wolltet ihr Geburtstag feiern?*
2. Florian hat <u>eine Party</u> organisiert. ______
3. Ich habe <u>am Bahnhof</u> gewartet. ______
4. <u>Lasse und Berni</u> waren zu spät. ______
5. Wir sind <u>um 7 Uhr</u> angekommen. ______
6. Die Party war <u>total langweilig</u>. ______
7. Wir wollten sofort wieder <u>nach Hause</u> fahren. ______

Familienfeste

Datum und Ordinalzahlen

1 Welche Zahl ist richtig? Ergänze.

1. Der *erste* ______ (1.) Januar heißt Neujahr.
2. Am *fünften* ______ (5.) Februar fahren wir weg.
3. Eva hat am ______ (7.) März Geburtstag.
4. Hast du am ______ (3.) April Zeit?
5. Der ______ (31.) Mai ist ein Mittwoch.
6. Gero hat am ______ (20.) Juni Geburtstag.
7. Der ______ (20.) Juli ist der letzte Schultag
8. Am ______ (1.) August fahren wir nach Italien.
9. Der ______ (7.) September ist der erste Schultag.
10. Der ______ (3.) Oktober ist in Deutschland ein Feiertag.
11. Morgen ist der ______ (5.) November.
12. Wir feiern am ______ (31.) Dezember eine Party.

dritte
dritten
einunddreißigste
einunddreißigsten
~~erste~~
ersten
fünfte
~~fünften~~
siebten
siebte
zwanzigste
zwanzigsten

2 Welches Datum ist das? Schreib.

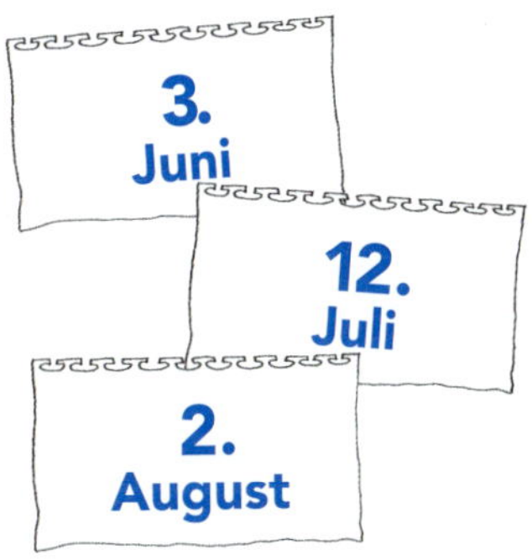

1. *der dritte Sechste* ______
2. *der* ______
3. ______
4. ______
5. ______
6. ______

3 Wer hat wann Geburtstag? Schreib auch die Monatsnamen.

Oma Rita	4. 7.	1. Oma Rita hat *am siebten Juli/Siebten* ______ Geburtstag.
Opa Fred	9. 2.	2. Opa Fred hat *am* ______ Geburtstag.
Mama	3. 12.	3. Mama hat ______
Papa	22. 5.	4. Papa ______
Tante Clara	5. 1.	5. ______
Onkel Dragan	30. 6.	6. ______
Cousine Mila	1. 4.	7. ______
Ich 	______	8. ______

Der bestimmte Artikel im Dativ: *dem/der/den*

4 a Such *dem, der, den* im Text. Markiere.

Patti und Pippa haben Geburtstag. Sie feiern mit den Freunden eine Party. Anna kommt mit dem Zug aus Hamburg. Simon fährt mit dem Fahrrad. Nach der Party schlafen sie lange!

b Ergänze die Tabelle mit den Artikeln aus 4a.

	Nominativ	Akkusativ	Dativ
der	der Zug	den Zug	mit *dem* ___ Zug
das	das Fahrrad	das Fahrrad	mit ___ Fahrrad
die	die Party	die Party	nach ___ Party
die	die Freunde	die Freunde	mit ___ Freunden

5 Ergänze die Artikel im Dativ.

Hallo Patti und Pippa,

eine Woche Bayern mit *den* (1) Eltern: ☹ ☹ ☹! Ich muss in ___ (2) Ferien um halb acht (!!!) aufstehen. Nach ___ (3) Frühstück gehen wir gleich los. Jeden Tag wollen sie ein paar Stunden lang mit mir in ___ (4) Bergen wandern. Schrecklich!! Es gibt hier einen kleinen See. Mit ___ (5) Fahrrad brauche ich nur 15 Minuten. Ich will mit ___ (6) Typen dort Spaß haben. Aber ich kann nur am Abend nach ___ (7) Ausflug zum See und ich muss mit ___ (8) Familie zusammen fahren. Aber in drei Tagen bin ich aus ___ (9) Dorf hier endlich wieder weg, weit weg von ___ (10) Bergen. Und dann mache ICH Ferien … zu Hause. Endlich! Bis dann, Flo

6 a Welche Formen gehören zusammen? Notiere die Wortpaare.

~~an dem~~ – zum – in dem – ~~am~~ – bei dem – beim – zur – ~~zu dem~~ – vom – zu der – im – von dem

an dem – am, zu dem – ___

b Ergänze die Sätze.

1. Ich rufe dich *am Abend* (an + der Abend) an. 2. Ich bin ___ (in + das Zimmer). 3. Warst du auch ___ (bei + das Fest) von Pippa und Patti? 4. Es ist nicht weit ___ (von + das Kino) bis ___ (zu + die Bushaltestelle).

Reflexive Verben: *sich kämmen*

7 Pia und Plato. Welche Sätze sind richtig? Schreib die Nummern zum Bild.

1. Plato mag keine nassen Haare. Pia föhnt ihn.
2. Pia föhnt sich.
3. Plato ist schmutzig. Pia wäscht ihn.
4. Pia wäscht sich.
5. Pia kämmt sich.
6. Plato hat so viele Haare! Pia kämmt ihn.

Sätze 1, ___

Sätze ___

8 Chaos im Bad. Schreib die Verben und Reflexivpronomen in der richtigen Form. Die Tabelle hilft.

sich waschen — 1. Ich wasche mich.
sich kämmen — 2. Mein Bruder ___
sich föhnen — 3. Wir ___
sich anziehen — 4. Ich ___
sich schminken — 5. Mama ___
sich waschen — 6. Wann ___ du ___?
sich anziehen — 7. Mama und Papa ___

ich	mich
du	dich
er/es/sie	sich
wir	uns
ihr	euch
sie/Sie	sich
Personalpronomen	**Reflexivpronomen**

9 Was ist falsch? Streich durch und korrigiere die Sätze. Die Tabelle in Übung 8 hilft.

1. Ich ärgere ~~sich~~, weil ich lernen muss. mich
2. Ärgern Sie Ihnen nicht, Frau Kirsch! ___
3. Warum langweilst du sich? ___
4. Dragan bedankt sie für das Geschenk. ___
5. Wir freuen sich, weil das Wetter schön ist. ___
6. Eva und Laura freuen euch. ___
7. Anna langweilt ihnen. ___

10 Ergänze die Reflexivpronomen.

1. Mach schnell, zieh dich an! 2. Morgen kommt Oma. Ich freue ___ schon. 3. Warum ärgert ihr ___? 4. Hallo Anna. Kommst du zu uns? Wir langweilen ___. 5. Eva bedankt ___ bei Oma für das Geschenk. 6. Eva und Laura gehen zu einer Party. Sie schminken ___.

Mein Geld, meine Sachen

Sätze mit *dass*

1 a Was denken die beiden? Ergänze die Sätze in der Tabelle.

Remo findet,	**dass**	die schwarze Jacke toll	ist.
Die Mutter denkt,	**dass**		
Hauptsatz	***dass***	**Nebensatz**	**Satzende: Verb**

b Wer sagt das? Ergänze die Personen und das Pronomen.

Remo sagt,	**dass**	er die Jacke	haben möchte.
________ sagt,	**dass**	________ nicht so viel Geld	hat.

2 Hast du gewusst, dass …? Ergänze die Sätze.

~~Robbie sucht einen Job.~~ • Pia fährt nach Rom. • Kolja will am Bodensee campen. • Frau Müller ist in die Berge gefahren.

Hast du gewusst, …

1. dass Robbie einen Job sucht?
2. dass Pia ________
3. dass Kolja ________
4. dass Frau Müller ________

3 Was sagen, denken, finden … die Jugendlichen und ihre Eltern? Schreib Sätze.

1. „Ich brauche mehr Taschengeld." – Remo findet, dass er mehr Taschengeld braucht.
2. „Du bekommst genug Geld!" – Die Eltern sagen, dass Remo ________
3. „Ich helfe oft zu Hause." – Eva denkt, dass ________
4. „Du hilfst fast nie!" – Die Eltern meinen, dass ________

dieser, dieses, diese im Nominativ und Akkusativ

4 a *dies-* im Nominativ oder im Akkusativ? Ordne zu.

1. Dieser Schlüssel ist wichtig. 2. Sie hat diese Uhr gekauft. 3. Wer hat dieses Handy gefunden? 4. Diese Fotos sind nicht schön. 5. Diese Uhr ist kaputt. 6. Wer hat diesen Schlüssel verloren? 7. Hast du diese Fotos gemacht? 8. Dieses Handy ist am ältesten.

Nominativ ═ **Verb** — **Adjektiv**

A: Sätze 1, ____________________

Nominativ ═ **Verb** — **Akkusativ**

B: Sätze 2, ____________________

b Ergänze die Formen von *dies-* in der Tabelle.

	der Schlüssel		**das** Handy		**die** Uhr		**die** Fotos	
Nominativ	der	dieser	das	______	die	______	die	______
Akkusativ	den	______	das	______	die	______	die	______

5 Nominativ oder Akkusativ? Ergänze die Endungen.

1. Hilf mir bitte. Dieser Rucksack ist so schwer. Und dies___ Koffer ist auch nicht leicht!
2. Ein tolles Geschäft! Ich nehme dies___ Pullover, dies___ T-Shirt und dies___ Schuhe.
3. Dies___ Ring und dies___ Ohrringe sind super und gar nicht teuer.
4. Dies___ Uhr finde ich super. Dies___ Uhren sind so modern!
5. Wie viel kostet dies___ Halsband? Ich brauche es für dies___ Hund.

6 Auf dem Flohmarkt. Ergänze die richtige Form von *dies-*.

● Hast du dieses (1) Zelt gesehen? Total billig! ○ Aber __________ (2) Farbe! Schrecklich!

● Sieh mal, __________ (3) Uhr ist schön. ○ Ja, und __________ (4) Handy ist auch cool.

● Was kosten __________ (5) drei CDs? ○ Ein Stück 1 Euro, alle zusammen 2,50 Euro.

● Hast du __________ (6) Taschenrechner gesehen? Er ist total alt.
○ __________ (7) Taschenrechner liegt auch bei uns zu Hause!

● __________ (8) Verkäufer ist verrückt. Er will, dass ich __________ (9) Nintendo kaufe. Der ist doch kaputt!

ein, eine und *mein, dein, …* im Dativ

7 a Was passt zusammen? Schreib die Ausdrücke an die passende Stelle.

mit meiner Flöte • ~~mit einer Gitarre~~ • mit meinem Computer • mit einem Stift
mit einem Moped • mit meinem Fahrrad • ~~mit Gummistiefeln~~ • mit meinen Sportschuhen

1. Ich mache Musik  *mit einer Gitarre,*  *mit meiner* ___.
2. Ich fahre schnell  ___ *Moped,*  ___.
3. Ich schreibe  ___ *Stift,*  ___.
4. Ich wandere  *mit Gummistiefeln,*  ___ *Sportschuhen*.

b Ergänze die Artikelwörter aus 7a in der Tabelle. Markiere die Endungen.

	Nominativ	Dativ
der	ein/mein Stift	mit dem / mit *einem* ___ / mit *meinem* ___ Stift
das	ein/mein Fahrrad	mit dem / mit ___ / mit ___ Fahrrad
die	eine/meine Flöte	mit der / mit ___ / mit ___ Flöte
die (Pl.)	☐ /meine Schuhe	mit den / mit ___ / mit ___ Schuhen

8 Was ist richtig? Kreuze an.

1. Der Hund spielt ☐ mit einer Ball ☒ mit einem Kuscheltier. 2. Mein Vater fährt ☐ mit einer Moped ☐ mit einem Fahrrad zur Arbeit. 3. Romy geht ☐ zu Freunden ☐ zu einen Freunden. 4. Tom schreibt ☐ mit einer Füller ☐ mit einem Stift. 5. Vera redet ☐ mit einer Freundin ☐ mit eine Freundin. 6. Die Freunde sind ☐ nach einem Party ☐ nach einer Party müde.

9 *Mein, dein …* im Dativ. Ergänze die passende Form.

1. Robbie geht mit *seiner* ___ Gitarre zum Konzert. 2. Er schreibt am liebsten mit ___ Stift. 3. Pia läuft im Sommer mit ___ Flip-Flops durch die Stadt. 4. Frau Müller geht mit ___ Mutter wandern. 5. Wir reden oft mit ___ Lehrer. 6. Kleine Kinder reden oft mit ___ Kuscheltier. 7. Was ist das Problem? Habt ihr schon mit ___ Lehrerin gesprochen?

unserem
ihren
seinem
ihrem
~~seiner~~
ihrer
eurer

10 Nominativ, Akkusativ oder Dativ? Ergänze *mein, dein, …* und das Wort in der Klammer.

1. Nadja macht Fotos mit *ihrem Handy* ___ (das Handy). 2. Herr Krömer hat ___ (der Füller) verloren. 3. Wir haben eine Party mit ___ (die Freunde) gefeiert. 4. Opa hat mir ___ (die Briefmarken) gezeigt. 5. Lisa fährt mit ___ (das Moped) in die Schule.

So wohne ich

Wechselpräpositionen + Akkusativ: Wohin?

1 **a Nils räumt auf. Wo passen die Sätze? Schreib die Nummern in die Pfeile.**

1. Nils stellt den Computer auf den Tisch.
2. Er legt die Bücher unter das Bett.
3. Er legt den Schlüssel zwischen die Bücher.
4. Nils stellt den Rucksack vor die Tür.
5. Er legt das Handy neben die Schuhe.
6. Nils hängt die Hose an die Wand.
7. Er legt die Jacke über den Rucksack.
8. Er wirft den Tennisschläger hinter das Bett.

b Wohin stellt, legt oder hängt Nils die Sachen? Ergänze die Ausdrücke aus 1a.

	der			das			die			die	(Pl.)
auf	*den*	Tisch	*unter*	*das*	Bett	____	____	Tür	____	____	Bücher
____	____	Rucksack	____	____	Bett	____	____	Wand	____	____	Schuhe

2 **Kolja versteckt die Sachen von Denis. Ergänze die Sätze.**

1. unter / der Schrank	Er legt die Sonnenbrille *unter den Schrank.*
2. hinter / das Regal	Er hängt die Hose ____
3. in / die Schultasche	Er packt die Sportschuhe ____
4. zwischen / die Kleider	Er tut die CDs ____
5. auf / der Balkon	Er wirft die Süßigkeiten ____
6. unter / der Tisch	Er stellt den CD-Player ____

3 **Such die Ausdrücke mit *in/ins, an/ans* und *auf/aufs* in der Wortschlange. Schreib.**

ILEMINDENPARKGEHENBIKAPOLAUFDENTISCHSTELLENWISEMTANDIEWANDHÄNGEN

KBILSPRIAUFSBETTLEGENOLSYIGINSCAFEGEHENKKYMWAHANSREGALHÄNGENASIK

in *in den Park gehen* **auf** ____ **an** ____

____ ____ ____

Wechselpräpositionen + Dativ: Wo?

4 a Wo sind Lillis Sachen? Lies die Sätze und schreib die Nummern ins Bild.

1. Die Bücher liegen auf dem Boden.
2. Der Teppich liegt unter dem Bett.
3. Die Hose hängt an der Wand.
4. Der Rucksack liegt vor der Heizung.
5. Am Fenster steht eine Pflanze.
6. Der Fernseher hängt über der Heizung.
7. Die Lampe steht im Schrank.
8. Neben dem Computer steht die Flasche.
9. Zwischen dem Bett und dem Schrank liegt das Skateboard.

b Was ist wo in Lillis Zimmer? Ergänze die Ausdrücke im Dativ.

1. Das Bett steht *neben dem Fenster* (neben / das Fenster). 2. *Auf* ______ (auf / das Bett) liegt eine Decke. 3. Der Schrank steht ______ (hinter / das Bett). 4. Lillis neuer Fernseher hängt ______ (an / die Wand). 5. Die Heizung ist ______ (unter / der Fernseher). 6. Lillis Computer steht ______ (auf / der Schreibtisch). 7. Ihre Schuhe liegen meistens ______ (zwischen / das Bett, der Schrank) 8. Ich finde, dass es ______ (in / das Zimmer) richtig schön ist!

5 *Wo* oder *wohin*? Welche Frage passt? Notiere.

1. Kolja geht ins Kino. *Wohin?*
2. Im Kino trifft er seine Freunde. ______
3. Er wartet vor dem Eingang. ______
4. Paul fährt auf den Sportplatz. ______
5. Pia lernt in ihrem Zimmer. ______
6. Plato läuft in den Garten. ______
7. Pia geht vor die Tür. ______
8. Plato ist nicht im Garten. ______

6 Akkusativ oder Dativ? Schreib Sätze.

1. Tabea / vor / das Haus / stehen / . *Tabea steht vor dem Haus.*
2. Dann / sie / in / der Garten / gehen / . ______
3. Tabeas Vater / auf / der Balkon / sitzen / . ______
4. Er / Tabea / in / der Garten / nicht / sehen / . ______
5. Tabea / auf / der Baum / klettern / wollen / . ______

Indirekte Fragen

7 Ergänze die indirekten Fragen in der Tabelle.

Hauptsatz	W-Wort	Nebensatz	Satzende: Verb
Kolja möchte wissen,	wann	das Fußballtraining	beginnt.
Kolja fragt,	______	der Rucksack leer	______
Kolja weiß nicht,	______	seine Fußballschuhe	______
	______	seine Sonnenbrille	______

8 Was wollen die Lehrer wissen? Schreib indirekte Fragen.

1. Warum gibt es Sommer und Winter? — Der Geografielehrer fragt, warum es Sommer und Winter gibt.
2. Wann ist Albert Einstein geboren? — Die Physiklehrerin möchte wissen, ______
3. Wie viel ist sieben mal vier? — Die Mathematiklehrerin fragt, ______
4. Wer hat das erste Auto gebaut? — Die Geschichtslehrerin möchte wissen, ______
5. Was heißt „el domingo" auf Deutsch? — Der Spanischlehrer fragt, ______

Wünsche äußern: *hätte gern*

9 Verwende *hätte gern* für die höflichen Wünsche. Die Tabelle hilft.

ich	hätte gern
du	hättest gern
er/es/sie	hätte gern
wir	hätten gern
ihr	hättet gern
sie/Sie	hätten gern

1. Ich hätte gern einen Bruder und eine Schwester. 2. Und du, hättest du gern Geschwister? 3. Kerstin und Lilli ______ drei Monate Ferien. 4. Was ______ ihr ______? Kuchen oder Eis? 5. Nils ______ einen Hund. 6. Wir ______ gute Noten in Deutsch. 7. Frau Glaser, ______ Sie ______ einen Kaffee?

Stadtgeschichten

Modalverb *dürfen, nicht dürfen*

1 Wer darf das machen? Wer nicht? Ergänze *nicht*, wenn notwendig.

1. Pia darf ________ ins Geschäft gehen.
2. Pia darf ________ im Gras liegen.
3. Plato darf ________ ins Geschäft gehen.
4. Plato darf ________ im Gras liegen.

2 Verboten oder erlaubt? Ergänze die Formen von *dürfen* in der Tabelle.

~~darf~~ dürft darfst dürfen darf dürfen

1. Ich *darf* ________ im Unterricht nicht telefonieren.	4. Wir ________ heute zum Konzert gehen, unsere Eltern haben es erlaubt.
2. Wie lange ________ du ausgehen?	5. Ihr ________ hier keine Fotos machen.
3. Man ________ im Bus und in der U-Bahn nicht essen.	6. Peter und seine Freunde sind zu jung, sie ________ noch nicht Moped fahren.

3 Ergänze die richtige Form von *dürfen*.

1. Warum *darfst* du nicht mitkommen? 2. In diesem Sommer ________ ich ohne meine Eltern wegfahren. 3. Beim Mathetest ________ wir den Taschenrechner nicht benutzen. 4. Schade! Peter und Mona ________ nicht mit uns feiern. 5. Nils ________ nur bis 23.00 Uhr bei der Party bleiben. 6. ________ ihr hier Fahrrad fahren?

4 Schreib die Sätze fertig. Verwende *dürfen, nicht dürfen* oder *müssen*.

1. Die Ampel ist rot. → stehen bleiben — Man *muss stehen bleiben.*
2. Die Ampel ist grün. → gehen — Man ________
3. Die Ampel ist rot. → losfahren — Man ________
4. Die Schule beginnt. → in die Klasse gehen — Die Schüler ________
5. Heute ist frei. → zu Hause bleiben — Die Schüler ________

Adjektive im Dativ

5 a Wo sind die Personen? Markiere die Adjektiv-Endungen.

b Ergänze die Tabelle.

Nominativ	Dativ	Wo?
der Platz	dem / einem / keinem / meinem	*Auf dem berühmten Platz.*
______ Café	dem / einem / keinem / meinem	______
______ Stadt	der / einer / keiner / meiner	______
die (Pl.) ______	den / ☐ / keinen / meinen	*Bei* ______

6 Ergänze die Artikelwörter und Adjektive im Dativ.

1. ~~die / deutsch~~ 2. ein / nett 3. ein / schön 4. das / berühmt 5. eine / schick 6. der / riesig

Liebe Oma,
viele Grüße aus *der deutschen* (1) Hauptstadt – Berlin! Wir wohnen in ______ ______ (2) Hotel. Gestern sind wir zu ______ ______ (3) See gefahren, weil es so heiß war. Heute war ich in ______ ______ (4) Kaufhaus KaDeWe. In ______ ______ (5) Umkleidekabine habe ich ein T-Shirt anprobiert – mein Souvenir! Und morgen mache ich viele Fotos in ______ ______ (6) Zoo. ☺

Bis bald, deine Mona

7 Dativ oder Akkusativ: Was ist richtig? Kreuze an.

1. Nils und Peter sind zu ihrem	☐ neuen	☐ neuer	Freund Jan gefahren.
2. Zuerst hat er ihnen ein	☐ langweiligen	☐ langweiliges	Museum gezeigt.
3. Dann haben sie in einem	☐ scheußliches	☐ scheußlichen	Café gegessen.
4. Peter und Nils haben keinen	☐ guter	☐ guten	Hamburger bekommen.
5. Aber Jan war mit seinem	☐ frischen	☐ frische	Salat zufrieden.

8 **Nominativ, Dativ oder Akkusativ? Ergänze das Adjektiv. Achte auf das Artikelwort.**

Heute war ich in der _neuen_ (neu; 1) Kletterhalle. Ich musste ein ____________ (aktuell; 2) Foto für den Ausweis mitbringen. Ich habe keine Klettersachen, aber ich bin mit den ____________ (alt; 3) Kletterschuhen von einem ____________ (gut; 4) Freund geklettert. Und man braucht nur eine ____________ (bequem; 5) Sporthose. Es gab einen Kurs mit einem ____________ (erfahren; 6) Trainer für alle Anfänger. Klettern ist wirklich ein ____________ (toll; 7) Sport!

Sätze mit *denn*

9 **Ergänze die Sätze in der Tabelle.**

Robbie	macht	Werbung.
Robbie	arbeitet.	

Warum?

Er	hat	ein Konzert
Er	braucht	Geld.

1. Robbie	macht	Werbung,	**denn**	_er_	_hat_	
2. Robbie	arbeitet,		**denn**			
	Position 2		**Position 0**		**Position 2**	

10 **Warum machen die Freunde das? Schreib Sätze mit *denn*.**

1. Nadja hat keine Zeit, denn _sie muss Jannik abholen_ (Jannik abholen müssen).
2. Plato trinkt viel Wasser, denn ____________ (immer Durst haben).
3. Robbie übt mit der Band, denn ____________ (ein Konzert geben).
4. Paul geht zum Bahnhof, denn ____________ (Pia abholen).
5. Anton ist nervös, denn ____________ ____________ (einen Zaubertrick zeigen wollen).

11 **Was passt? Schreib Sätze mit *weil* und *denn*.**

1. Ben kann nicht mitkommen, weil _er lernen muss._
2. Mona geht zum Konzert, denn ____________
3. Nils braucht eine Unterschrift, weil ____________
4. Eva geht in den Fitnessclub, weil ____________
5. Tom darf noch nicht Moped fahren, denn ____________
6. Ines klettert nicht gern, weil ____________
7. Jan arbeitet in den Ferien, denn ____________
8. Peter geht nicht zum Training, weil ____________

~~Ben muss lernen.~~
Eva will viel trainieren.
Peter ist müde.
Ines hat Angst.
Mona liebt die Band.
Nils will einen Kurs machen.
Tom ist zu jung.
Jan braucht Geld.

Raus in die Natur

Sätze verbinden: *sondern*

1 **Markiere den Gegensatz in den Sprechblasen und ergänze dann die Sätze.**

Lernst du Mathe? — *Nein, Deutsch!*

Geht ihr schwimmen? — *Nein, wir gehen ins Strandcafé.*

Nimmst du den Bus? — *Nein, ich fahre mit dem Rad!*

Stefan lernt nicht Mathe,
sondern (er lernt) Deutsch.

Lea und Elias gehen nicht schwimmen,
sondern (sie gehen) ______

Lara nimmt nicht den Bus,
sondern (sie) fährt ______

2 **Schreib Sätze mit *sondern*.**

1. auf ihre Freundin warten — Nadine wartet nicht auf den Bus,
   sondern (sie wartet) auf ihre Freundin.
2. Trompete spielen — Fabian spielt nicht Gitarre,
   ______
3. auch im Stall arbeiten — Tabea reitet nicht nur,
   ______
4. Mountainbike fahren — Stefan und Dominik spielen heute nicht Fußball,
   ______
5. im See schwimmen — Lea und Elias spielen nicht am Wasser,
   ______

Sätze verbinden: *deshalb/darum* und *trotzdem*

3 **a Was ist wahrscheinlich? Kreuze an.**

Stefan hat gestern nur zwei Stunden geschlafen.

[X] A Er ist sehr müde.
[ ] C Er ist nicht müde.
[ ] D Er geht heute früh schlafen.
[ ] B Er geht heute spät schlafen.

b Wo passen die Sätze aus 3a? Ordne zu.

Stefan hat gestern nur zwei Stunden geschlafen.

A	**Darum**	ist	er sehr müde.	
___	**Deshalb**	geht	er heute früh	schlafen.
___	**Trotzdem**	ist	er nicht müde.	
___	**Trotzdem**	geht	er heute spät	schlafen.

4 *deshalb/darum* oder *trotzdem*? Welcher Satz passt? Kreuze an.

1. Frau Bürger faulenzt gern,
   - [X] A deshalb liegt sie in der Sonne.
   - [ ] B trotzdem liegt sie in der Sonne.
2. Herr König ist 75 Jahre alt.
   - [ ] A Deshalb fährt er täglich mit dem Mountainbike.
   - [ ] B Trotzdem fährt er täglich mit dem Mountainbike.
3. Dominik spielt gern Fußball.
   - [ ] A Deshalb spielt er im Verein Fußball.
   - [ ] B Trotzdem spielt er im Verein Fußball.
4. Lara hat keinen Spaß beim Sport,
   - [ ] A deshalb macht sie oft Sport.
   - [ ] B trotzdem macht sie oft Sport.
5. Stefan reitet nicht.
   - [ ] A Deshalb mag er Pferde gern.
   - [ ] B Trotzdem mag er Pferde gern.

5 Schreib Sätze mit *deshalb/darum* oder *trotzdem*. Achte auch auf . oder , .

Alles ist nass. • Sie bleiben lange im Wasser. • ~~Die Freunde schwimmen im See.~~ •
Er ist glücklich. • Pia hat keine Angst. • Sie grillen Würstchen.

1. Das Wetter ist schön.
2. Das Wasser im See ist kalt, …
3. Die Freunde haben Hunger.
4. Plato bekommt eine Wurst, …
5. Es blitzt und donnert, …
6. Der Regen dauert nicht lang.

Position 1	Position 2	
Darum	schwimmen	die Freunde im See.
trotzdem		
	grillen	
deshalb		

Texte machen: *zuerst, dann, …*

6 Was war *zuerst*, was *dann*? Ergänze das passende Wort. Schreib Sätze in der Vergangenheit.

danach • ~~dann~~ • plötzlich • schließlich • ~~zuerst~~

Pia und ihre Freunde haben am See gecampt.

1. der Abend / wunderbar / sein / . — Zuerst war der Abend wunderbar.
2. sie / schlafen / gehen / . — Dann ______
3. ein / Gewitter / kommen / . — ______
4. alles / nass / sein / . — ______
5. Nadjas Papa / alle / holen / . — ______

Vergleichsätze mit *als* und *wie*

7 Zwei Jugendhäuser. Sieh die Zeichnung an. Ergänze die Ausdrücke.

näher am See als • ~~größer als~~ • moderner als • so groß wie •
viel besser als • nicht so nah am Wald wie

Das *Ferienland* ist _größer als_ (1) das *Sommerhaus*. Der Spielplatz ist _viel_ (2) im neuen Haus rechts. Man kann auch besser schwimmen, denn das *Ferienland* liegt ______ (3) das *Sommerhaus*.

Das *Sommerhaus* ist ______ (4) das alte *Ferienland*. Aber es ist nicht ______ (5) das Haus links. Das *Ferienland* liegt ______ (6) das moderne *Sommerhaus*.

8 Welcher Vergleich ist richtig? Kreuze an.

1. Die Ferien in diesem Jahr waren genauso kurz ☒ wie ☐ als letztes Jahr.
2. Dieses Jahr mussten wir mehr lernen ☐ wie ☐ als im letzten Schuljahr.
3. An Schultagen kann ich nicht so lang schlafen ☐ wie ☐ als am Wochenende.
4. Mountainbike fahren finde ich genauso gut ☐ wie ☐ als Reiten.
5. Ferien am Meer finde ich besser ☐ wie ☐ als Ferien in den Bergen.
6. Picknick machen ist genauso schön ☐ wie ☐ als Grillen.
7. Ich mag Volleyball lieber ☐ wie ☐ als Tischtennis.

9 *so … wie* (=) oder *nicht so … wie* (≠) oder *…er als* (+)? Schreib Vergleiche.

1. ≠ schön — Ich singe _nicht so schön wie_ meine Freundin.
2. + groß — Peters Zimmer ist _größer als_ Lisas Zimmer.
3. = alt — Pippa ist ______ ihre Schwester Patti.
4. + gern — Simon surft ______ sein Bruder Lukas.
5. ≠ schnell — Das Moped fährt ______ das Motorrad.
6. + hoch — Stefan springt ______ Dominik.
7. = laut — Lea lacht ______ Elias.
8. + gut — Leas Zeugnis ist ______ das Zeugnis von Elias.

Cool und fit?

Hauptsätze verbinden

1 a Markiere das Verbindungswort (*und, aber, oder, denn, deshalb/darum, trotzdem, außerdem*) und das Verb im zweiten Satz.

Robbie hat Rastalocken und Nadja findet das nicht gut.

Robbie hat blöde Sachen gesagt, deshalb ist Nadja sauer.

Nadja hat teure Klamotten, außerdem ist sie stark geschminkt.

Nadja ist sauer, denn sie mag Robbies Frisur nicht.

Robbie ist anders als früher, aber Nadja findet das nicht gut.

Hat Nadja recht oder Robbie? Oder haben beide nicht recht?

Robbie streitet mit Nadja. Trotzdem liebt er sie.

b Zu welcher Gruppe gehören die Verbindungswörter? Notiere.

Robbie hat Rastalocken	**und**	Nadja	findet	das nicht gut.
Robbie hat blöde Sachen gesagt,		**deshalb**	ist	Nadja sauer.
	Position 0		**Position 2**	

Position 0 im Satz wie ***und***: denn, ______

Position im Satz wie ***deshalb***: ______

2 Schreib die Sätze.

1. Nadja findet Robbies Klamotten scheußlich, — aber / Robbie / sie / gefallen / .
   aber Robbie gefallen sie.
2. Nadja trägt teure Markenkleidung — und / sie / sich / schminken / .
   ______
3. Robbie kann mit Nadja über die Probleme reden — oder / er / ihr / eine Mail / schreiben / kann / .
   ______
4. Robbie findet den Streit nicht gut, — denn / er / Nadja / sehr gern / mögen / .
   ______

3 *außerdem, deshalb* oder *trotzdem*? Was passt? Ergänze.

Raffael hat sich verletzt. Deshalb (1) ist er zu Hause. Seine Hand ist verletzt, ______ (2) hat er einen großen blauen Fleck auf dem Rücken. Er darf sich nicht viel bewegen, ______ (3) liegt er auf dem bequemen Sofa im Wohnzimmer. ______ (4) kann er dort fernsehen. Er ruht sich aus, ______ (5) tut ihm der Rücken weh. ______ (6) nimmt er eine Schmerztablette.

4 Ergänze die Sätze. Achte auf die Position vom Verb.

1. Robbie hat früher Rock gespielt, aber jetzt findet er Reggae cool.
(aber / er / jetzt / Reggae / cool finden)
2. Robbies alte Freunde finden Reggae schrecklich, ____________________
(darum / sie / Robbie / nicht verstehen)
3. Robbie hat eine Rastafrisur, ____________________
(außerdem / er / andere Kleidung / tragen)
4. Robbie hatte Streit mit seiner Freundin Nadja ____________________
(und / sie / jetzt / auf ihn / sauer sein)
5. Robbie findet Nadjas Kleidung nicht gut, ____________________
(denn / ihre Klamotten / teuer / sein)
6. Robbie hat neue Freunde, ____________________
(trotzdem / er / die alten Freunde / mögen)

Nebensätze mit *wenn, weil, dass*

5 a *wenn, weil* oder *dass*? Was passt zusammen? Ordne zu.

1. Viele Leute finden,
2. Raffael liebt Parkour,
3. Man muss sich gut konzentrieren,
4. Die Traceure machen viele Tricks,
5. Für einen Traceur ist wichtig,
6. Thomas trainiert jeden Tag,

A wenn man neue Tricks lernen will.
B dass er gut klettern und springen kann.
C dass Parkour total verrückt ist.
D weil er richtig gut werden will.
E weil er es überall in der Stadt machen kann.
F wenn sie durch die Stadt laufen.

b Ergänze die Sätze in der Tabelle.

Hauptsatz	Nebensatz		Satzende: Verb
Man muss sich gut konzentrieren,	**wenn**	man neue Tricks lernen	will.
Thomas trainiert jeden Tag,	**weil**		will.
Viele Leute finden,	**dass**	Parkour	ist.

6 Was ist falsch? Streich durch und korrigiere.

1. Raffael ist froh, dass der Krankenwagen schnell ~~ist gekommen~~. gekommen ist
2. Der Arzt sagt, dass Raffael braucht keine Operation. ____________________
3. Rafael bekommt einen Verband, weil verletzt ist der Arm. ____________________
4. Raffael nimmt eine Tablette, wenn die Schmerzen sind groß. ____________________
5. Raffael weiß, dass er muss zum Hausarzt gehen. ____________________

7 Schreib Sätze mit *weil*, *wenn* und *dass*.

Ich habe den Sprung geschafft!

Raffael ist glücklich,

1. *weil er den Sprung geschafft hat.*
2. *weil* ______

Alle Freunde haben Spaß!

Es regnet sehr stark!

Raffael hat ein wenig Angst,

3. *wenn* ______
4. *wenn* ______

Der Sprung ist sehr weit!

Ich trainiere jeden Tag.

Raffael sagt im Interview,

5. *dass* ______
6. *dass* ______

Man muss gut aufpassen!

Modalverb *sollen*

8 Ergänze die richtige Form von *sollen*. Die Tabelle hilft.

	sollen
ich	soll
du	sollst
er/es/sie	soll
wir	sollen
ihr	sollt
sie/Sie	sollen

1. Mama sagt, du *sollst* ______ dein Zimmer aufräumen.
2. Die Lehrerin sagt, die Schüler ______ mehr lernen.
3. Wann ______ ihr zu Hause sein? Um elf Uhr?
4. Der Zug ist weg! Was ______ wir tun? Papa anrufen?
5. Der Arzt sagt, Raffael ______ den Arm wenig bewegen.

9 Was soll Nadja tun? Was hat der Arzt gesagt? Schreib Sätze mit *sollen*.

Der Arzt hat gesagt, …

1. Bleib liegen! *ich soll liegen bleiben.*
2. Geh nicht raus! ______
3. Trink viel! ______
4. Schlaf lange! ______
5. Ruh dich aus. ______

10 Was tun? Ergänze die Fragen mit *sollen*.

1. Deutsch oder Mathe lernen? *Soll* ______ ich zuerst Deutsch oder Mathe *lernen* ______?
2. Gehen oder bleiben? ______ wir ______?
3. Zug oder Bus nehmen? ______ wir den Zug oder den Bus ______?
4. Die Hose oder die Jacke? ______ ich ______ kaufen?

Elektronische Freunde

Modalverben im Präteritum

1 Was wollten die Freunde machen? Ergänze die Sätze.

shoppen • ~~lange schlafen~~ • Musik hören

1. Kolja *wollte lange schlafen,* ______ aber er konnte nicht. Es war so laut.
2. Pia ______ aber sie musste zu Hause aufräumen.
3. Nadja und Robbie ______ aber sie konnten nicht. Der Akku war leer.

2 Welche Formen gehören zusammen? Schreib die Paare in die Tabelle.

du musstest • er wollte • ihr könnt • sie wollten • sie wollen • du musst • ~~wir mussten~~ • ~~ich konnte~~ • er will • ihr konntet • wir müssen • ~~ich kann~~

	Präsens	Präteritum
ich	*kann*	*konnte*
du		
er/es/sie		

	Präsens	Präteritum
wir		*mussten*
ihr		
sie		

3 Was war letzte Woche? Ergänze das Modalverb in der richtigen Form.

Pia *wollte* ______ (1) Nadja anrufen. Aber Nadja k______ (2) keine Anrufe bekommen, denn ihr Handy war gesperrt. Deshalb k______ (3) Pia und Nadja nicht telefonieren.

Paul m______ (4) zur Polizei gehen, weil jemand sein Handy gestohlen hat. Die Polizisten w______ (5) alles genau wissen. Sie haben viel gefragt.

Robbie w______ (6) kein Handy mehr haben. Seine Freunde k______ (7) ihn nicht mehr anrufen. Sie m______ (8) direkt mit ihm reden.

4 Gestern war alles verboten! Lies die Sätze und ergänze die Formen von *dürfen* in der Tabelle.

1. Ich durfte nicht schwimmen. Zu kalt!
2. Verona durfte nicht ins Kino gehen.
3. Wir durften in der Schule nicht lachen.
4. Meine Freunde durften nicht zu mir kommen.
5. Ihr durftet nicht Fußball spielen.
6. Was durftest du nicht tun?

ich	durfte
du	
er/es/sie	
wir	
ihr	
sie/Sie	

5 Was durfte Boris tun? Was durfte er nicht tun? Schreib die Sätze in die Tabelle.

~~auf dem Schulhof spielen~~ • im Schwimmbad nicht ins Wasser springen • im Stadtpark Rad fahren • im Museum nicht fotografieren • im Zoo nicht Skateboard fahren

1. Boris	durfte	auf dem Schulhof	spielen.
2. Im Zoo		Boris	
3. Im Museum			
4. Boris			
5. Im Schwimmbad			
	Position 2		**Satzende**

Verben mit Dativ und Akkusativ

6 Ergänze die Sätze.

~~ihm~~ • ihr • Ihnen • euch • uns • ihnen • mir • dir

1. Alex hatte Geburtstag. Die Eltern haben _ihm_______ ein neues Fahrrad gekauft.
2. Wir sind neu hier. Können Sie ____________ den Weg zeigen?
3. Möchtest du auch ein Eis? Soll ich ____________ ein Eis mitbringen?
4. Ines hat Geburtstag. Was sollen wir ____________ schenken?
5. Ihr wollt ins Kino? Da kann ich ____________ einen guten Tipp geben.
6. Was suchen Sie? Wir können ____________ den Weg erklären.
7. Ich möchte heute einen Film anschauen. Kannst du ____________ eine DVD leihen, bitte?
8. Oma und Opa bekommen gern Post. Wir haben ____________ eine Karte geschrieben.

7 Verben mit Akkusativ oder mit Dativ und Akkusativ? Markiere und ordne zu.

1. Lilly ruft ihre Oma an. 2. Alex hat mir diese CD geschenkt. 3. Orhan liest einen Comic.
4. Petra und Sibel treffen ihre Freundinnen. 5. Vera bringt mir ein Eis. 6. Leihst du mir dein Heft?
7. Simon macht die Hausaufgaben. 8. Lisa hat uns den Weg erklärt.

Verb
Nominativ — Akkusativ

Lilly ruft ihre Oma an.

Verb
Nominativ — Dativ Akkusativ

Alex hat mir diese CD geschenkt.

mit Akkusativ:

anrufen, ______

mit Dativ und Akkusativ:

schenken, ______

8 Schreib Aufforderungen.

1. Wann kommt ihr? → eine SMS schicken — Schickt mir bitte eine SMS.
2. Wo wohnst du? → den Weg erklären — Erklär ______
3. Geht ihr einkaufen? → Brot mitbringen — ______
4. Finden Sie diese Band gut? → die CD leihen — ______
5. Wo kauft ihr Klamotten? → einen Tipp geben — ______
6. Wie geht das? → den Trick zeigen — ______

Jemanden höflich bitten oder auffordern

9 Könntest du bitte ...? Schreib höfliche Bitten.

~~Könnten~~ • Könnten • ~~Könntest~~ • Könntest • Könntet • Könntet

1. Leih mir bitte zwei Euro. — Könntest du mir bitte zwei Euro leihen?
2. Machen Sie die Musik leiser! — Könnten Sie ______
3. Seid bitte leiser. — ______
4. Gib mir bitte einen Stift! — ______
5. Gehen Sie bitte weiter! — ______
6. Macht jetzt Schluss! — ______

Nach der Schule

Zeitangaben mit Präpositionen

1 Im Praktikum: Wann arbeiten Pia, Kolja und Nadja? Markiere die Zeitangaben.

1

Bin bis heute Abend bei der Tierärztin. Ich darf ihr am Nachmittag helfen – viele kranke Tiere! Kann in den Ferien wieder hier arbeiten :-)) GG Pia

Optionen Weiter Zurück

2

Kurze Pause. Sie fangen hier in der Werkstatt schon um 7 Uhr an! Um s i e b e n! Brauche jetzt einen Kaffee. Nach der Pause wechsle ich Reifen. Kolja

Optionen Weiter Zurück

3

Die Friseurin arbeitet von 9 bis 19 Uhr. Am Mittag habe ich nur eine Stunde frei. Muss vor der Pause noch mal den Boden fegen!!! ☺ Biba Nadja

Optionen Weiter Zurück

2 Ergänze die passende Zeitangabe.

am Abend • um halb fünf • In der Nacht • nach der Schule • um 7.12 Uhr • ~~um halb sieben~~ • von 7.45 bis 13.15 Uhr

1. Lea steht jeden Morgen ungefähr *um halb sieben* auf. 2. Der Bus zur Schule fährt ____________ ab. 3. Der Unterricht dauert ____________. 4. Lea hat heute ____________ noch einen Termin beim Arzt, um 15.00 Uhr. 5. Sie kommt deshalb erst etwa ____________ nach Hause. 6. Lea spielt Volleyball und hat ____________ noch zwei Stunden Training. 7. ____________ kann sie nicht schlafen.

3 Robbies Tag im Praktikum. Ergänze die Sätze.

	7. Juni MONTAG
8	*7.30!! im Sender, Zi. 108*
9	
10	
11	*11.45 Termin beim Chef*
12	*12.30–13.15 Mittagspause*
13	
14	
15	*Kaffee machen!!!*
16	
17	*Ende Praktikum*
18	*Probe mit Band ☺*
19	*19.45 Bus!!!*
20	*20.00 Nadja*

1. Robbie macht *am 7. Juni* ____________ ein Praktikum.
2. Der Praktikumstag dauert *von* ____________.
3. Robbie muss ____________ beim Sender sein.
4. *Von* ____________ hat er Mittagspause.
5. Der Termin beim Chef ist ____________ Mittagspause.
6. ____________ macht Robbie Kaffee.
7. ____________ Praktikum hat er Probe mit der Band.
8. Er muss den Bus ____________ nehmen.
9. ____________ trifft er Nadja.

werden

4 Zu welchem Bild passen die Sätze? Schreib.

Das Wetter ist schlecht. • Tim und Tom sind Schüler. • ~~Das Wetter ist schön.~~ • Tim und Tom sind Piloten. • Das Wetter wird schlecht. • Tim und Tom werden Piloten.

1\.

Das Wetter ist schön.

2\.

____

3\.

____

4\.

____

5\.

____

6\.

____

5 Ergänze *werden* in der passenden Form.

~~werde~~ • werden • werden • werdet • wird • wird • wirst

1\. Ich bin sehr früh aufgestanden, jetzt werde ich müde. 2. Lea hat bald Geburtstag, sie __________ fünfzehn. 3. Was __________ du später? Was ist dein Berufswunsch? 4. Joshua und Harald wollen Astronauten __________. 5. Joshua und Harald __________ Piloten, wenn sie nicht Astronauten sein können. 6. Tim und Tom, beeilt euch! Sonst __________ ihr mit dem Test nicht fertig! 7. Es ist schon spät, es __________ gleich dunkel.

Sätze verbinden: *also*

6 Was passt zusammen? Kreuze an.

1\. Harald findet Fliegen cool,
- [X] (A) also ist Pilot sein Traumberuf.
- [B] also hat er ein bisschen Angst.

2\. Laura interessiert sich für Gebäude,
- [A] also ist ihr Vater Architekt.
- [B] also will sie Architektin werden.

3\. Paul ist schon fast ein Computerprofi,
- [A] also will er Informatik studieren.
- [B] also sitzt er nicht oft am Computer.

Systematischer Überblick

Sätze: Aussagesätze, Fragen und Aufforderungen

Aussagesätze

Peter	wohnt	in Berlin.	
Er	hat	keine Geschwister.	
Peter	steht	immer um 6.45 Uhr	auf.
Am Wochenende	muss	er nicht in die Schule	gehen.
Am Sonntag	ist	er in die Kletterhalle	gegangen.
	Position 2 **Verb**		**Satzende**

W-Fragen

Wie	heißt	du?	
Wann	stehst	du morgens	auf?
Was	willst	du nach der Schule	machen?
Wo	warst	du gestern Abend?	
Warum	bist	du gestern nicht	gekommen?
Position 1 **W-Wort**	**Position 2** **Verb**		**Satzende**

Ja-/Nein-Fragen

Magst	du Musik?	
Rufst	du heute Abend	an?
Wollt	ihr auch	mitkommen?
Warst	du am Wochenende zu Hause?	
Hast	du an deinem Geburtstag eine Party	gefeiert?
Bist	du in den Ferien	weggefahren?
Position 1 **Verb**		**Satzende**

- Magst du Musik?
  - ○ Ja.
  - ○ Nein.
- Bist du in den Ferien weggefahren?
  - ○ Ja.
  - ○ Nein.

Aufforderungen

Hilf	mir bitte!	
Ruf	mich heute Nachmittag	an!
Macht	bitte keine Unordnung!	
Kommt	doch auch	mit!
Wiederholen	Sie das bitte noch einmal!	
Position 1 Verb		**Satzende**

Sätze verbinden

und, oder, aber, denn, sondern

Ich	möchte	viele Freunde haben.
Ich	möchte	nicht viele Freunde haben.

1.	Ich	habe	viele Freunde.
2.	Ich	habe	keine Freunde.
3.	Ich	möchte	einen guten Freund haben.
4.	Ich	bin	nicht gern allein.
5.	Ich	möchte	gute Freunde haben.

1. Ich	möchte	viele Freunde haben	**und**	ich	habe	viele Freunde.
2. Ich	möchte	viele Freunde haben,	**aber**	ich	habe	keine Freunde.
3. Ich	möchte	viele Freunde haben	**oder**	(ich	möchte)	einen guten Freund haben.
4. Ich	möchte	viele Freunde haben,	**denn**	ich	bin	nicht gern allein.
5. Ich	möchte	nicht viele Freunde haben,	**sondern**	(ich	möchte)	gute Freunde haben.
	Position 2 Verb		**Position 0**		**Position 2 Verb**	

deshalb/darum, trotzdem, außerdem, also

Lukas mag Frankreich.	**Deshalb**	lernt	er Französisch.	
Julia schläft gern lang,	**trotzdem**	muss	sie früh	aufstehen.
Julia klettert oft.	**Außerdem**	spielt	sie Tennis und Volleyball.	
Julia ist sehr sportlich,	**also**	möchte	sie Sport	studieren.
	Position 1	**Position 2 Verb**		

Nebensätze: *wenn, weil, dass*

Eva schwimmt gern,	**wenn**	das Wasser warm		ist.
Sie hat viel Spaß,	**wenn**	sie mit ihren Freundinnen	schwimmen	kann.
Michael fährt nicht Rad,	**weil**	es		regnet.
Michael ist müde,	**weil**	er zwei Stunden lang	trainiert	hat.
Viele Leute finden,	**dass**	Parkour total verrückt		ist.
Raffael ist stolz,	**dass**	er einen neuen Trick	gelernt	hat.
Hauptsatz		**Nebensatz**		**Satzende: Verb**

Nebensätze: Indirekte Fragen

Wann soll ich nach Hause kommen?

Warum ist der Rucksack leer?

Wo liegt der Tennisschläger?

Wer hat meine Sonnenbrille genommen?

Kolja fragt,	**warum**	der Rucksack leer		ist.
Kolja möchte wissen,	**wann**	er nach Hause	kommen	soll.
Kolja weiß nicht,	**wer**	seine Sonnenbrille	genommen	hat.
Weißt du,	**wo**	der Tennisschläger		liegt?
Hauptsatz	**W-Wort**	**Nebensatz**		**Satzende: Verb**

Texte machen: *zuerst, dann, danach, später, schließlich*

Pia	hat	Nadja	besucht.
Zuerst	hat	Nadja eine Suppe	gekocht.
Dann	wollte	sie Klavier	üben.
Danach	haben	Nadja und Pia Mathe	gelernt.
Später	musste	Nadja ihren Bruder Jannik	abholen.
Schließlich	ist	Pia wieder nach Hause	gegangen.
	Position 2 Verb		**Satzende**

Verben

Präsens

	sein	haben	werden	singen	fahren	essen	wissen
ich	bin	habe	werde	singe	fahre	esse	weiß
du	bist	hast	wirst	singst	fährst	isst	weißt
er/es/sie	ist	hat	wird	singt	fährt	isst	weiß
wir	sind	haben	werden	singen	fahren	essen	wissen
ihr	seid	habt	werdet	singt	fahrt	esst	wisst
sie/Sie	sind	haben	werden	singen	fahren	essen	wissen

heißen	ich heiße	du hei**ßt**	er/es/sie heißt	Wie heißt du?
warten	ich warte	du wart**e**st	er/es/sie wart**e**t	Wartest du schon lange?
nehmen	ich nehme	du **nimm**st	er/es/sie **nimm**t	Max nimmt einen Tee.

Verben mit Vokalwechsel aus *Logisch! A1* **und** *A2*

a → ä fahren, fallen, fangen, halten, laufen, raten, schlafen, tragen, waschen, anfangen, auffallen, einladen, gefallen, loslassen, vorschlagen

e → i essen, fressen, geben, helfen, lesen, nehmen, sehen, sprechen, stehlen, treffen, werfen, betreten, vergessen, teilnehmen

Trennbare Verben

aufstehen	Pia	steht	um neun	auf.
einkaufen	Sie	kauft	im Supermarkt	ein.
mitnehmen	Sie	nimmt	Plato	mit.
abholen	Sie	holt	ihre Freunde	ab.
		Position 2: Verb		**Satzende**

Weitere trennbare Verben: anrufen, aussehen, umsteigen, vorschlagen, wegfahren, weitermachen, ...

Imperativ

	du	ihr	Sie
kommen	Komm!	Kommt!	Kommen Sie!
nehmen	Nimm!	Nehmt!	Nehmen Sie!
zeichnen	Zeichne!	Zeichnet!	Zeichnen Sie!
aufräumen	Räum auf!	Räumt auf!	Räumen Sie auf!

Aufforderungssätze: siehe S. 53

Modalverben

	können	müssen	wollen	dürfen	sollen
ich	kann	muss	will	darf	soll
du	kannst	musst	willst	darfst	sollst
er/es/sie	kann	muss	will	darf	soll
wir	können	müssen	wollen	dürfen	sollen
ihr	könnt	müsst	wollt	dürft	sollt
sie/Sie	können	müssen	wollen	dürfen	sollen

Modalverben in Sätzen und W-Fragen

Nadja	kann	Gitarre	spielen.
Wann	müssen	wir morgen	aufstehen?
Warum	darfst	du nicht ins Kino	mitkommen?
Kolja und Paul	wollen	einen Freund	besuchen.
Was	soll	ich für die Party	anziehen?
	Position 2		**Satzende**

Modalverben in Ja-/Nein-Fragen

Kannst	du heute zu mir	kommen?
Wollt	ihr am Nachmittag	lernen?
Position 1		**Satzende**

müssen – nicht müssen – nicht dürfen
Ich muss mehr trainieren. Dann werde ich besser.
Ich muss heute Abend nicht trainieren. Ich habe schon heute Vormittag trainiert.
Ich darf vier Wochen nicht trainieren. Mein Knie ist verletzt.

möchten
ich möchte   du möchtest   er/es/sie möchte …   Möchtest du Pizza (essen)?   Was möchtest du kaufen?

Präteritum: *sein, haben*

	sein	haben
ich	war	hatte
du	warst	hattest
er/es/sie	war	hatte

	sein	haben
wir	waren	hatten
ihr	wart	hattet
sie/Sie	waren	hatten

- Ich war in den Ferien in Spanien. Es war total langweilig. Und wo wart ihr?
- Meine Eltern hatten keine Ferien. Ich hatte viel Spaß mit meinen Freunden.

Präteritum: Modalverben

können			
ich	konnte	**wir**	konnten
du	konntest	**ihr**	konntet
er/es/sie	konnte	**sie/Sie**	konnten

andere Modalverben
müssen – ich musste
dürfen – ich durfte
wollen – ich wollte

Wir wollten lang schlafen, aber wir durften nicht, wir mussten im Garten helfen.
Ich wollte viel trainieren, aber ich konnte nicht, ich habe mich verletzt.

Perfekt

Ali	hat	Ferien am Meer	gemacht.
Julia und Eva	sind	jeden Tag zum Strand	gegangen.
Melanie	hat	in den Ferien oft auf dem Fußballplatz	trainiert.
Warum	habt	ihr so viel	eingekauft?
Goran	ist	immer spät	aufgestanden.
Ich	habe	meine Großeltern	besucht.
	Position 2 ***haben, sein***		**Satzende** **Partizip II**

Perfekt mit *sein*
- von A nach B: Ich **bin** nach Hause gegangen. Er **ist** von Bern nach Berlin gefahren.
- etwas wird anders: Ich **bin** eingeschlafen. Was **ist** passiert?

Formen Partizip II

Regelmäßige Verben: machen – **ge**mach**t**, arbeiten – **ge**arbeit**et**, …

Unregelmäßige Verben:
- wissen – gewusst, kennen – gekannt, bringen – gebracht, denken – gedacht, …
- gehen – gegangen, essen – gegessen, lesen – gelesen, schreiben – geschrieben, schlafen – geschlafen, …
- passieren – passiert, telefonieren – telefoniert, …

Konjunktiv II: *könnte, würde, hätte*

Etwas wünschen: *hätte* + *gern*
Ich hätte gern einen Bruder und eine Schwester. Und du, hättest du gern Geschwister?

Höfliche Bitten: *könnte* + Infinitiv
Könntest du bitte leise sein? Könnten Sie bitte draußen telefonieren?

Einen Rat geben: *würde* + Infinitiv
● Ich habe Halsschmerzen. ○ Ich würde viel Tee trinken.
● Meine Noten sind schlecht. ○ Ich würde mehr lernen.

Artikelwörter und Substantive

Formen im Nominativ

	der	das	die	die (Pl.)
ein, eine	Das ist **ein** Rucksack.	Das ist **ein** Handy.	Das ist **eine** Tasche.	Das sind □ Rucksäcke. □ Handys. □ Taschen.
kein, keine	Das ist **kein** Rucksack.	Das ist **kein** Handy.	Das ist **keine** Tasche.	Das sind **keine** Rucksäcke. **keine** Handys. **keine** Taschen.
der, das, die	**Der** Rucksack ist schwer.	**Das** Handy ist blau.	**Die** Tasche ist braun.	**Die** Rucksäcke Handys Taschen sind neu.
dieser, dieses, diese	**Dieser** Rucksack ist zu schwer.	**Dieses** Handy ist kaputt.	**Diese** Tasche ist braun.	**Diese** Rucksäcke Handys Taschen sind toll.

Formen im Akkusativ

Nominativ	Akkusativ			
der Rucksack	den	einen	keinen	diesen
das Handy	das	ein	kein	dieses
die Tasche	die	eine	keine	diese
die Handys	die	□	keine	diese

Hol bitte den Rucksack. Hast du einen Rucksack? Ich habe keinen Rucksack. Diesen Rucksack habe ich gesucht.

Formen im Dativ

Nominativ	Dativ			
der Rucksack	dem	einem	keinem	diesem
das Handy	dem	einem	keinem	diesem
die Tasche	der	einer	keiner	dieser
die Handys die Mäntel	den Handys den Mänteln	□ Handys □ Mänteln	keinen Handys keinen Mänteln	diesen Handys diesen Mänteln

Was ist in dem Rucksack? Ich spiele mit dem Handy. Das Geld ist in dieser Tasche. Ich rede mit den Leuten.

Verben mit Dativ: helfen, gehören, gefallen, stehen, …
Verben mit Akkusativ und Dativ: bringen, geben, kaufen, schenken, …

Dativ Plural mit -n: der Mantel, die Mäntel – mit Mäntel**n**; der Lehrer, die Lehrer – mit Lehrer**n**; …
Dativ Plural ohne -n: das Handy, die Handys – mit Handys; der Test, die Tests – mit Tests; …

Personalpronomen: Nominativ, Akkusativ, Dativ

Nominativ	Akkusativ	Dativ
ich	mich	mir
du	dich	dir
er	ihn	ihm
es	es	ihm
sie	sie	ihr

Nominativ	Akkusativ	Dativ
wir	uns	uns
ihr	euch	euch
sie	sie	ihnen
Sie	Sie	Ihnen

Ich mag Musik. **Du** magst lieber Tanzen. **Er** spielt Gitarre. **Sie** singt in einer Band.
Besuch **mich** am Wochenende. Ich rufe **dich** an. Ich sehe **ihn** heute. Ich treffe **euch** morgen.
Es geht **mir** gut. Wie geht es **dir**? Er hat ein Problem, wir helfen **ihm**. Der Pullover steht **ihr** gut.

Referenz

Das ist Herr Maier. **Er** ist unser Hausmeister. **Er** ist total nett und alle haben **ihn** gern.

Siehst du das Pferd? **Es** heißt Toli. Nach der Schule gehe ich immer **zu ihm** und füttere **es**.

Eva ist meine Freundin. **Sie** ist 13 Jahre alt, ich habe **sie** sehr gern. Ich gehe oft mit **ihr** nach Hause.

Unsere Lehrer sind okay. **Sie** sind ziemlich nett, ich mag **sie** gern. Wir haben oft Spaß **mit ihnen**.

Pronomen *man*

Im Kino kann **man** Filme sehen. In Japan spricht **man** Japanisch.

Pronomen *es*

Wie geht **es** dir? **Es** geht mir sehr gut. **Es** ist sehr heiß. **Es** regnet nicht. Gibt **es** einen See?

Reflexivpronomen: Akkusativ

Pia kämmt ihren Hund. Sie kämmt ihn. Pia kämmt **sich**.
Pia wäscht ihr T-Shirt. Sie wäscht es. Pia wäscht **sich**.

	Reflexivpronomen		Reflexivpronomen
ich	mich	**wir**	uns
du	dich	**ihr**	euch
er/es/sie	sich	**sie/Sie**	sich

Ich wasche **mich**. Du wäschst **dich** auch. Mein Bruder kämmt **sich**. Meine Schwester schminkt **sich**. Wir föhnen **uns**. Ihr zieht **euch** an. Papa und Mama freuen **sich**. Freuen Sie **sich** auch?

Possessivartikel *mein, dein, sein, …*

Possessivartikel im Nominativ

	der Name	**das** Buch	**die** Lehrerin	**die** Schuhe
ich	mein	mein	meine	meine
du	dein	dein	deine	deine
er	sein	sein	seine	seine
es	sein	sein	seine	seine
sie	ihr	ihr	ihre	ihre
wir	unser	unser	unsere	unsere
ihr	euer	euer	eure	eure
sie	ihr	ihr	ihre	ihre
Sie	Ihr	Ihr	Ihre	Ihre

Possessivartikel im Akkusativ und Dativ

	Nominativ	**Akkusativ**	**Dativ**
der	mein Stift	meinen Stift	mit meinem Stift
das	mein Fahrrad	mein Fahrrad	mit meinem Fahrrad
die	meine Flöte	meine Flöte	mit meiner Flöte
die (Pl.)	meine Schuhe	meine Schuhe	mit meinen Schuhen

Das ist **mein** Stift.	Siehst du **meinen** Stift?	Ich schreibe mit **meinem** Stift.
Ist das **dein** Stift?	Hast du **deinen** Stift?	Schreib bitte mit **deinem** Stift.
Das ist **sein** Stift.	Er holt **seinen** Stift.	Er schreibt mit **seinem** Stift.
Das ist **ihr** Stift.	Sie nimmt **ihren** Stift.	Sie schreibt mit **ihrem** Stift.
Das ist **unser** Stift.	Wir suchen **unseren** Stift.	Wir schreiben mit **unserem** Stift.
Das ist **euer** Stift.	Ihr braucht **euren** Stift.	Schreibt ihr mit **eurem** Stift?
Ist das **ihr** Stift?	Brauchen sie **ihren** Stift?	Sie schreiben mit **ihrem** Stift.
Ist das **Ihr** Stift?	Brauchen Sie **Ihren** Stift?	Schreiben Sie mit **Ihrem** Stift?

Genitiv bei Eigennamen

Frau Müller**s** Motorrad, Robbie**s** Brille, Jannik**s** Haare, Pia**s** Hund Plato, Nadja**s** Freundin
aber: der Tee von Frau Eiles, das Buch von Lukas, die Freunde von Moritz, das Handy von Alex

Name + Genitiv-*s*	***von* + Name**
Frau Müller, Robbie, Jannik, Pia, Nadja	Frau Eile**s**, Luka**s**, Morit**z**, Ale**x**

Adjektiv

Adjektiv + *sein*

Mein Freund ist cool. Meine Freundin ist super. Meine Eltern sind nett.

Adjektive: alt, arrogant, berühmt, cool, fair, kalt, nett, neu, schön, schrecklich, warm, wichtig, …

Adjektive nach Artikelwörtern *der, das, die* und *dieser, dieses, diese*

	der Mantel	**das** T-Shirt	**die** Hose	**die** Mützen
Nominativ	der neu**e**	das neu**e**	die neu**e**	die neu**en**
Akkusativ	den neu**en**	das neu**e**	die neu**e**	die neu**en**
Dativ	dem neu**en**	dem neu**en**	der neu**en**	den neu**en**

Der/Dieser neu**e** Mantel ist schön.
Ich mag den/diesen neu**en** Mantel
Mit dem/diesem neu**en** Mantel sieht sie gut aus.

Die/Diese neu**e** Hose ist bequem.
Ich packe die/diese neu**e** Hose ein.
Sie geht in der/dieser neu**en** Hose aus.

Adjektive nach Artikelwörtern *ein, eine, kein, keine* und Possessivartikeln

	der Mantel	**das** T-Shirt	**die** Hose	**die** Mützen
Nominativ	ein kein neu**er** mein	ein kein neu**es** mein	eine keine neu**e** meine	□ neu**e** keine neu**en** meine neu**en**
Akkusativ	einen keinen neu**en** meinen	ein kein neu**es** mein	eine keine neu**e** meine	□ neu**e** keine neu**en** meine neu**en**
Dativ	einem keinem neu**en** meinem	einem keinem neu**en** meinem	einer keiner neu**en** meiner	□ neu**en** keinen neu**en** meinen neu**en**

Adjektivsteigerung: *schnell, schneller, am schnellsten*

schnell	schneller	am schnellsten
beliebt	beliebter	am beliebtesten
jung	j**ü**nger	am j**ü**ngsten
alt	**ä**lter	am **ä**ltesten

gut	**besser**	am **besten**
gern	**lieber**	am **liebsten**
hoch	h**ö**her	am h**ö**chsten
groß	gr**ö**ßer	am gr**ö**ß**t**en

Vergleichsätze mit *wie* und *als*

Der Hund läuft (nicht) **so schnell wie** die Katze.

Das Pferd läuft (nicht) **schneller als** die Katze.

W-Wörter

Wie heißt die Frau?
Wo wohnt sie?

Woher kommt sie?
Wohin gehst du?

Wann bist du fertig?
Warum lachst du?

Wer ist das?
Was machst du?

Fragen mit *Welch-?*

der	Welch**er** Pullover	steht	mir?
das	Welch**es** T-Shirt	gefällt	dir?
die	Welch**e** Hose	ist	besser?
die	Welch**e** Schuhe	passen?	
	Nominativ	**Position 2 Verb**	

Welch**en** Pullover	nimmst	du?
Welch**es** T-Shirt	kaufst	du?
Welch**e** Hose	meinst	du?
Welch**e** Schuhe	kaufst	du?
Akkusativ	**Position 2 Verb**	

Präpositionen

Präpositionen mit Akkusativ: *für, ohne*

Diese Schokolade ist für mich. Ich gehe ohne dich nicht weg.

Präpositionen mit Dativ: *aus, von, bei, mit, nach, seit, zu*

Ich komme gerade aus der Schule. Kannst du von deinen Ferien erzählen? Wir treffen uns beim Bäcker. Ich habe mit der Lehrerin geredet. Nach einer Woche Training war ich müde. Tom ist seit einer Woche krank. Wir fahren zu unserem Freund.

Präpositionen mit Akkusativ oder Dativ

	***Wohin?* – mit Akkusativ**	***Wo?* – mit Dativ**
in	Ich gehe **in die** Schule.	Ich bin **in der** Schule.
an	Ich stelle den Rucksack **an die** Wand.	Der Rucksack steht **an der** Wand.
auf	Ich lege die Tasche **auf den** Tisch.	Die Tasche liegt **auf dem** Tisch.
über	Markus hängt die Lampe **über den** Tisch.	Die Lampe hängt **über dem** Tisch.
unter	Die Katze läuft **unter das** Bett.	Die Katze schläft **unter dem** Bett.
neben	Ina legt das Handy **neben den** Nintendo.	Das Handy liegt **neben dem** Nintendo.
zwischen	Ich lege den Brief **zwischen die** Bücher.	Der Brief liegt **zwischen den** Büchern.
vor	Ich stelle die Schuhe **vor die** Tür.	Die Schuhe stehen **vor der** Tür.
hinter	Der Hund läuft **hinter das** Auto.	Der Hund steht **hinter dem** Auto.

Zeitangaben

in Der Zug fährt in einer Stunde.
an Eva hat am 5. Mai Geburtstag.
zwischen Ich rufe dich zwischen 7 und 8 Uhr an.
vor Ich habe vor dem Training geschlafen.
nach Nach einer Stunde war ich fertig.
bis Meine Mutter arbeitet bis 18 Uhr.
um Der Bus fährt um 7.20 Uhr.
seit Lisa hat seit einer Woche Ferien.

Präpositionen + *der, das, die:* Kurzformen

der Schrank	**die** Tür	**das** Bett
an dem → am bei dem → beim in dem → im von dem → vom zu dem → zum	zu der → zur	an das → ans auf das → aufs für das → fürs in das → ins

Fürs Training bin ich zu müde. Ich gehe lieber ins Bett, denn am Abend will ich zur Party von Eva.

Über Grammatik sprechen

Beispiele	**Bezeichnung**
a, b, c, d, e, f, g, …	der Buchstabe
b, c, d, f, g, h, j, …	der Konsonant
a, e, i, o, u	der Vokal
ä, ö, ü	der Umlaut
ich / eine / Tasche / kaufen / …	das Wort
Ich kaufe eine Tasche.	der Satz
Was ist das? Wo wohnst du?	die Frage: die W-Frage
Hast du Zeit? Kommst du?	die Ja-/Nein-Frage
Weißt du, wie spät es ist? Er fragt, wo wir wohnen.	die indirekte Frage
Mach das! Hört zu! Wiederholen Sie bitte!	die Aufforderung
Pia lernt viel, wenn sie einen Test hat.	der Hauptsatz
Pia lernt viel, wenn sie einen Test hat.	der Nebensatz
gehen, kommt, war, trinken, …	das Verb
gehen, kommen, essen, trinken, …	der Infinitiv
ich gehe, du gehst, er geht, …	Formen
können, wollen, müssen, …	das Modalverb
anrufen, aufstehen, aussteigen, …	das trennbare Verb
verstehen, entschuldigen, …	das untrennbare Verb
ich fahre – du fährst, ich lese – du liest	Verb mit Vokalwechsel
sich kämmen – Pia kämmt sich.	das reflexive Verb
Geh! Lies! Lauft! Nehmt! Warten Sie!	der Imperativ
Es ist kalt. Peter muss lernen.	das Präsens

Ali hat Ferien am Meer gemacht.	das Perfekt
gemacht, gegangen, gebracht, telefoniert, …	das Partizip II
machen – gemacht, warten – gewartet, …	regelmäßige Verben
gehen – gegangen, bringen – gebracht, …	unregelmäßige Verben
Das war schön. Er hatte Spaß. Er wollte länger bleiben.	das Präteritum
der Rucksack, das Handy, die Tasche	das Substantiv
der Rucksack, ein Handy, keine Tasche	Singular
die Rucksäcke, Handys, keine Taschen	Plural
der, das, die	der Artikel
der, das, die; ein, eine; kein, keine; dieser, dieses, diese	Artikelwörter
der, das, die	der bestimmte Artikel
ein, eine	der unbestimmte Artikel
mein, dein, sein, …	der Possessivartikel
ich, du, er, es, sie, …	das Personalpronomen
ich kämme mich, du kämmst dich, er kämmt sich …	das Reflexivpronomen
weiß, alt, schön, cool, schnell, …	das Adjektiv
der braune Mantel, die blauen Schuhe	mit dem bestimmten Artikel
ein brauner Mantel, □ blaue Schuhe	mit dem unbestimmten Artikel
der braune Mantel, die roten Schuhe	die Endung
schneller als …, so schnell wie …	der Vergleich
schneller, älter	der Komparativ
am schnellsten, am ältesten	der Superlativ
Das Pferd ist schneller als der Hund.	der Vergleichsatz
für, mit, ohne, von, in, an, …	die Präposition
in, an, auf, …: Ich gehe in die Stadt. Ich bin in der Stadt.	die Wechselpräposition
Ich wohne in Berlin. Er kommt aus der Türkei.	die Ortsangabe
Wann kommst du? – Um 8 Uhr am Abend.	die Zeitangabe
Wer?, Wo?, Wohin?, Was?, Wann?, Wie?, Warum?, …	das Fragewort, das W-Wort
Es regnet und es ist kalt. Es regnet, deshalb bin ich nass.	das Verbindungswort, der Konnektor
Der Mann, ein Baby, keine Frau lacht.	der Nominativ
Ich sehe den Mann, ein Baby, keine Frau.	der Akkusativ
Wir helfen dir! Ich spreche mit dem Kind.	der Dativ
Noras Buch	der Genitiv